Meinen Kindern
Angelica
Michael
Niki
zugeeignet

**Einband und Illustrationen
von Hanns und Maria Mannhart**

Katarina Taikon

Katitzi

**Aus dem Schwedischen übertragen
von Dr. Gerda Neumann**

Hermann Schaffstein Verlag
Dortmund

ISBN 3-588-00140-9
Gesamtherstellung
Konkordia AG für Druck und Verlag
Bühl/Baden

Katitzi

„Katitzi! Katitziiii!"

„Wo steckt dieses Kind bloß wieder? Ewig muß man hinter ihr herlaufen und sie suchen!" Fräulein Larsson war sehr aufgeregt. Seit fünfundzwanzig Jahren leitete sie dieses Kinderheim, aber noch nie hatte sie solch ein unmögliches Kind wie Katitzi hier gehabt.

Es war längst sieben Uhr vorbei. Alle anderen Kinder hatten ihr Abendbrot gegessen und lagen im Bett, überall war das Licht ausgeknipst. Die Kinder sollten schlafen. Ja, sie *sollten,* aber sie taten es nicht, wenigstens nicht in Zimmer fünf. Hier wurde noch eifrig geraschelt und getuschelt. Von Bett zu Bett wurde Katitzis neuester Verstoß gegen die Heimordnung weitergegeben. Alle fanden die Sache sehr spannend. Wie würde es Katitzi ergehen, wenn Fräulein Larsson sie erwischte, die es mit der Heimordnung so genau nahm? Sie konnte äußerst ungnädig werden, wenn eins der Kinder nicht gehorchte. An diesem Abend hatte sie noch einen besonderen Grund, böse zu sein. Das hörte man schon ihrer schrillen Stimme an. Manchmal pfiff sie direkt wie eine Lokomotive, die Dampf abläßt: „Katitziiii, Katitzi!"

Zornig stampfte sie mit dem Fuß auf und trat dabei in eine Pfütze. Von oben bis unten wurden ihre dünnen Beine naß. Das machte sie noch wütender. „Na, das Kind wird was erleben!" fauchte sie. „Warte nur, wenn ich dich erwische!"

Fräulein Larssons Zorn hatte noch andere Ursachen als Pfützen, Schmutz und widerspenstige Kinder. Es wäre nicht so schlimm gewesen, hätte es sich um einen ganz gewöhnlichen Abend gehandelt. Ein bißchen mühsam war es ja immer, die Kinder rechtzeitig ins Bett zu bekommen, und Katitzi war wirklich ein besonderer Fall. Aber an diesem Abend fand ein Gottesdienst in der Zeltmission statt. Der charmante Pastor Pettersson sollte die Predigt halten. Bisher kannte Fräulein Larsson ihn nur von Bildern. Aber nun würde sie ihn in Kürze in voller Lebensgröße vor sich sehen! Und hören! Schon seit einem Jahr schwärmte die ganze Gemeinde von ihm.

Der Gottesdienst sollte um halb acht beginnen, und nun war es fast so weit, aber Katitzi war immer noch nicht da. Fräulein Larssons Wut

verwandelte sich in Verzweiflung. Sie lief suchend herum und rief immer lauter: „Katitzi! *Katitziiiiii!*"

In Zimmer fünf war es dunkel. Katitzis Bett stand leer. Aber die sechs anderen Kinder, Katitzis Zimmerkameraden, schwatzten und lärmten. Gulla war böse, hauptsächlich auf Ruth, Ruttan genannt. Die hatte nämlich erklärt: „Es geschieht Katitzi ganz recht, wenn sie endlich einmal kräftig Prügel von Fräulein Larsson bekommt!"

Gulla und ihr Bruder Per waren Katitzis beste Freunde. Immer versuchten die beiden, Katitzi aus der Patsche zu helfen, wenn sie wieder mal was Dummes angestellt hatte. Und das geschah ziemlich oft. Aber weil Per ein Junge war, schlief er natürlich in einem anderen Zimmer mit lauter Jungens. Im Kinderheim gab es viele sonderbare Bestimmungen.

„Du bist gemein, Ruttan!" sagte Gulla. „Du bist bloß neidisch auf Katitzi."

„Wieso denn, wenn ich fragen darf?"

„Das will ich dir sagen:

Fräulein Kvist hat nämlich Katitzi sehr gern und ist immer nett zu ihr."

„Und was geht mich das an? Ist Katitzi etwa was Besseres als wir anderen? Darf sie einfach tun, was sie will? Wenn das nun alle machten? Wie stellst du dir das vor? Wie sähe es wohl in der Welt aus, wenn jeder das täte, was ihm gerade einfiele!"

Natürlich hatte Ruttan das alles von Fräulein Larsson aufgeschnappt. Die führte immer solche Redensarten, wenn sie ihre ungeduldigen Predigten im Speisesaal hielt, sobald jemand gegen die Heimordnung verstoßen hatte.

„Im übrigen verbitte ich mir, daß du mich immer ‚Ruttan' nennst. Ich heiße Ruth!" fauchte sie.

Die anderen Kinder hielten wohl zu Gulla, aber sie wagten nicht, das offen zu zeigen, denn Ruth vergaß niemals eine Beleidigung und fand immer etwas, was sie Fräulein Larsson petzen konnte.

„Da kommt sie ja!" rief plötzlich das Mädchen, das direkt neben dem Fenster lag.

„Los, mach das Fenster auf! Sag' ihr, daß sie durch die Hintertür kommen soll! Dann sieht Fräulein Larsson sie nicht!" sagte Gulla.

„Nein, laß das! Ich werd's Fräulein Larsson sagen!" schrie Ruth und feuerte ihr Kopfkissen mit aller Kraft nach dem Mädchen, das gerade das Fenster aufriß.

Das Kissen verfehlte sein Ziel und flog durchs Fenster hinaus. Die Heimleiterin hatte soeben Katitzi erblickt und stiefelte mit Riesenschritten auf das Mädchen los. „Na, jetzt hab' ich dich aber erwischt! Jetzt wirst du . . ."

Doch plötzlich blieb Fräulein Larsson mitten in einer großen Pfütze stehen. Katitzi kam nicht allein. Ein älterer Herr begleitete sie, und das war durchaus nicht irgendeiner. Oh nein! Das war doch . . .

Natürlich, es war Pastor Pettersson in Lebensgröße!

Fräulein Larssons dünner, schmaler Mund ging auf, ihr Kinn sackte herunter. Inzwischen waren Katitzi und der Herr Pastor näher gekommen. Lächelnd streckte der Prediger Fräulein Larsson seine Hand entgegen.

„Sie sind gewiß Fräulein Larsson? Katitzi hat mir schon viel von Ihnen erzählt", sagte er.

In diesem Augenblick sauste Ruths Kopfkissen durchs Fenster und haargenau auf Fräulein Larssons Nacken. Sie taumelte und verlor das Gleichgewicht, griff nach einem Halt und faßte nach der Hand Petterssons. Entrüstet schrie sie: „Mein Gott, Herr Pettersson!"

Vollkommen perplex, verlor nun auch der Prediger die Balance. Gemeinsam landeten sie in einer Pfütze.

Katitzi lachte schallend los. Es sah aber auch zu komisch aus, wie das strenge Fräulein Larsson versuchte, mit Würde wieder in die Höhe zu krabbeln.

Katitzi hielt sich den Bauch vor Lachen. Da kam das nette Fräulein Kvist über den Hof gelaufen. Sie hatte den Lärm gehört und wollte nachschauen, was eigentlich los war.

Erst machte sie ein erschrockenes Gesicht, aber dann konnte sie doch ein Lächeln nicht unterdrücken. In allen Fenstern des Heimes lagen nun die Kinder und wollten überhaupt nicht aufhören, schallend zu lachen. Sie hatten vollkommen vergessen, daß brave Kinder um sieben Uhr im Bett liegen und schlafen sollen.

Nur eine lachte nicht: Ruttan.

Ruttan ist ein Ekel

„Pelle, beeil dich! Iß endlich deine Milchsuppe auf! Du weißt doch, daß wir baden wollen!" rief Gulla.

„Milchsuppe ist das Schrecklichste, was es gibt, außer angebrannter Grütze natürlich. Ich bleib den ganzen Tag hier sitzen", erklärte Per, den sie Pelle nannten.

„Mach doch zu! Du *mußt* das Zeug einfach aufessen, da hilft dir nichts. Aber komm, ich esse ein paar Löffel mit!" sagte Katitzi und schlang eilig etwas von der geschmähten Suppe hinunter. Natürlich kam genau in diesem Augenblick Fräulein Larsson. Sie sah sofort, was hier los war.

„Was erlaubst du dir? Ißt du etwa Pelles Frühstück auf? So etwas ist mir doch wahrhaftig noch nicht vorgekommen! Geh sofort in dein Zimmer! Du bekommst für den ganzen Tag Stubenarrest!"

„Aber Fräulein Larsson, Katitzi hat mir doch nur ein bißchen geholfen", erklärte Pelle. „Es war wirklich nicht ihre Schuld. Ich hab's allein nicht geschafft."

Gulla fügte eilig hinzu: „Fräulein Kvist hat uns nämlich erlaubt, daß wir zum Baden gehen. Und das ist doch einfach toll!"

„Immer müßt ihr beiden Katitzi in Schutz nehmen! Aber geht von mir aus! Laßt euch nur nichts Neues einfallen, sonst kommt ihr sofort ins Bett!" drohte Fräulein Larsson und sah mächtig streng aus.

„Vergiß bloß die Badesachen nicht, Katitzi!" rief Pelle. „Und du, Gulla, nimm den Muschelkasten mit!"

An diesem Tag war es so heiß, daß die Milch sauer wurde und die Katze sich unter der Treppe verkroch, wo es schattig war.

Am Badeufer, das ein Stückchen vom Heim entfernt lag, hatten sich schon fast alle Kinder um Fräulein Kvist versammelt. Natürlich war auch Ruttan längst dort. Sie hatte schlechte Laune, weil Katitzi nicht dafür bestraft worden war, daß sie Pelles Milchsuppe ausgelöffelt hatte. Sie überlegte, wie sie Katitzi einen Schabernack spielen könnte.

Pelle und Gulla fingen an, sich auszuziehen, aber Katitzi blieb stehen und schaute zu.

„Na, nun mach schon!" ermunterte sie Gulla. „Wir können doch nicht den ganzen Tag hier herumstehen."

„Ist dir denn nicht heiß?" fragte Pelle.

„Ich mag nicht ins Wasser gehen", maulte Katitzi. „Mir ist's zu kalt."

„Du hast wohl eine Macke", sagte Gulla. „Es ist ganz prima zum Baden."

„Zu kalt!" äffte Pelle. „Du bist wirklich besemmelt."

„Komm, wir warten nicht mehr auf Katitzi!" sagte Gulla. „Los, Pelle, wir springen 'rein!"

Die Geschwister liefen über den Steg.

„Erster!" schrie Pelle und machte einen Kopfsprung. Er war ein sehr guter Taucher und kam erst ein ganzes Stück weiter wieder hoch. Gulla ging lieber mit den Füßen zuerst hinein.

Katitzi setzte sich auf den Steg und beobachtete Gulla und Pelle, die wie Robben umeinander herumschwammen.

„Los, komm auch!" rief Pelle. „Warum hockst du denn immer noch herum? Es ist einfach toll im Wasser!"

Katitzi schaute Pelle aufmerksam an, dann blickte sie zu Gulla hinüber. Langsam sagte sie: „Kommt doch noch mal rauf! Ich muß euch was sagen."

Pelle und Gulla krabbelten auf den Steg. Sie waren neugierig und wunderten sich über Katitzi. Warum wollte die bloß nicht ins Wasser? Da stimmte etwas nicht!

„Hört mal", fing Katitzi an, und man merkte, daß ihr das Reden schwerfiel. „Ich . . . ich kann nämlich nicht schwimmen. Ich hab niemals . . ."

„Haha!" lachte Ruth höhnisch. „Die kann noch nicht mal schwimmen! Habt ihr's gehört? Wie blöde! Katitzi kann noch nicht mal schwimmen! Warte, jetzt kriegst du's aber!" rief sie und gab Katitzi einen kräftigen Stoß. Die wehrte sich, fiel aber dann doch mit einem gewaltigen Platsch ins Wasser. Sie strampelte heftig mit Armen und Beinen, um nur ja nicht unterzugehen. Aber es schien, als würde sie von einer unsichtbaren Hand heruntergezogen. Das Wasser wirbelte um sie herum, als sie versank. Sie kam wieder hoch und kämpfte noch einmal aus Leibeskräften mit weit aufgerissenen Augen. Sie hustete und schrie zwischendurch:

„Hihilfe! Hihilfe! Ich ertrinke!"

Wieder ging sie unter.

„Was ist denn hier los? Was ist passiert? Was tut ihr da?" rief Fräulein Kvist und stürzte hinüber zum Steg.

„Ruttan hat Katitzi hineingestoßen", berichtete eins der Mädchen.

„Sie kann nicht schwimmen!" rief ein anderes Kind.

Wieder platschte es. Dieses Mal verschwand Pelle in der Tiefe. Nach einem Augenblick, der aber allen so lang vorkam wie eine Stunde, tauchte er wieder auf und hielt Katitzi im Arm. Sie strampelte jedoch und schlug um sich, weil sie loskommen wollte. Vor Schrecken war sie total verdreht. Es half nicht viel, daß Pelle mit allen Kräften versuchte, sie fest in den Griff zu bekommen.

Oben auf der Brücke standen alle wie gelähmt.

„Ich wollte sie doch nur ein bißchen erschrecken, weil sie immer so frech ist", sagte Ruttan und machte nun doch ein bekümmertes Gesicht.

Da gab es wieder einen Platscher. Schon tauchte Fräulein Kvist neben Katitzi und Pelle auf. Mit einer schnellen Bewegung packte sie Katitzi bei den langen schwarzen Haaren und schwamm, als sie sie fest im Arm hatte, mit ihr ans Ufer. Dort waren inzwischen alle übrigen Kinder versammelt.

„Wie konntest du nur so etwas tun, Ruttan!" tadelte Gulla. „Weißt du denn nicht, daß es nichts Gefährlicheres gibt, als Leute ins Wasser zu stoßen, die nicht schwimmen können?"

Fräulein Kvist legte Katitzi auf den Bauch und begann Atemgymnastik mit ihr zu machen. Sie drückte ihre Hände auf Katitzis Rücken, auf und ab, ganz vorsichtig.

„Los, lauft zum Heim und holt Fräulein Larsson", sagte sie. Aber da schlug Katitzi schon wieder die Augen auf. Sie hustete ganz schrecklich und blickte nacheinander alle Kameraden und Fräulein Kvist an. Dann sank ihr Kopf wieder auf den Boden.

„Soll sie ins Krankenzimmer gebracht werden?" fragte eins der Mädchen.

„Ich glaube nicht", meinte Fräulein Kvist. „Aber ein bißchen muß sie schon noch liegen bleiben."

„Geht's dir jetzt besser, Katitzi?" fragte Fräulein Kvist.

Katitzi schaute auf. „Ja. Aber nie im Leben will ich wieder baden. Das Wasser ist abscheulich."

„Aber nein!" rief Fräulein Kvist. „Das Wasser ist herrlich, und Baden macht Spaß. Man muß nur schwimmen können."

„Du bist an allem schuld, Ruttan", sagte Britta. „Du hast sie hineingestoßen. Katitzi könnte tot sein. Das sagen wir Fräulein Larsson."

Fräulein Kvist schaute die Kinder an. „Kommt, setzt euch alle! Wir wollen mal darüber reden."

„Nun hört gut zu, du, Ruth und all ihr anderen!" fuhr sie fort. „Ihr solltet doch wirklich wissen, daß man keinen Menschen ins Wasser stoßen darf, nicht mal einen guten Schwimmer. Wer von euch kann denn nun eigentlich nicht schwimmen? Die Nichtschwimmer sollen mal die Hände hochheben!"

Nur zwei Kinder hoben die Hand: Katitzi und . . . Ruth!

„Ihr beiden bekommt jetzt Schwimmunterricht!" erklärte Fräulein Kvist. „Wir fangen gleich damit an. Los, legt euch auf den Bauch, hier am Ufer. Und nun: Beine und Arme strecken! So! Arme und Beine anziehen. Strecken und . . ."

„Katitzi sieht aus wie eine Kröte", sagte Ruttan.

„Aber du vielleicht erst", trumpfte Katitzi auf. Sie fühlte sich schon wieder recht munter.

„Aber, aber, Kinder! Streitet euch nicht! Es schadet nichts, wenn man beim Schwimmen wie ein Frosch aussieht. Frösche verstehen sich darauf, das kann ich euch versichern!"

„Wann dürfen wir's denn mal im Wasser versuchen?" fragte Ruth.

„Ich geh' niemals ins Wasser!" protestierte Katitzi. „Ich schwimme lieber auf dem Lande. Das ist viel sicherer."

„Aber natürlich geht ihr ins Wasser!" sagte Fräulein Kvist. „Was hat denn die ganze Überei sonst für einen Sinn? Auf dem Lande kommt man auch ohne Schwimmen aus. Ihr müßt natürlich zuerst dort üben, wo ihr noch festen Grund unter den Füßen habt." Den ganzen Tag beschäftigte sich Fräulein Kvist mit den beiden Mädchen, und noch ehe es ihnen zu langweilig wurde, konnten sie ungefähr zehn Meter weit schwimmen.

„Das ist ja herrlich!" jubelte Katitzi mitten in einem Zug. „Was für ein Spaß!"

Pelle und Gulla aber waren immer noch wütend auf Ruth.

„Na, die wird eine schöne Strafe dafür kriegen, daß sie dich hineingestoßen hat, Katitzi", meinte Gulla.

„Gepetzt wird nicht, damit ihr's wißt!" sagte Katitzi energisch.
Und damit ging auch dieser Tag gut zu Ende.

Ein unerwarteter Besuch

Eines Tages stand ein klobiges rotes Auto draußen auf dem Hof des Kinderheims. Alle Kinder rannten hin und stellten sich um den Wagen. Am Lenkrad saß ein großer, kräftiger Mann. Es war Katitzis Papa. Er war gekommen, um seine kleine Tochter abzuholen.

Doch wie gewöhnlich, wenn etwas im Gange war, blieb Katitzi verschwunden. Sie hatte sich versteckt, und niemand wußte, wo sie zu finden war.

„Los, alle miteinander, sucht Katitzi! Sie soll sofort herkommen. Ihr Papa ist da!"

Pelle und Gulla schauten Fräulein Larsson verwundert an. „Aber Fräulein Larsson, Sie wissen doch gar nicht, ob Katitzi wieder nach Hause will!"

„Redet nicht solch einen Unsinn! Natürlich will sie heim. Fort mit euch und sucht sie! Vergiß nicht, Pelle, unten am Seeufer nachzuschauen!"

„Hör mal, Pelle", sagte Gulla. „Falls wir wirklich Katitzi finden, sagen wir es keinem Menschen!"

„Klar! Aber wir müssen so tun, als ob wir sie richtig suchten. Und wenn wir sie gefunden haben, warnen wir sie."

„Katitzi! Katitziiii!" riefen Pelle und Gulla. „Komm raus! Wir sind's bloß! Wir helfen dir! Hab' keine Angst!"

Da kam Katitzi unter einem umgedrehten Boot hervorgekrochen. Dort hatte sie die ganze Zeit versteckt gelegen. Über ihre schmutzigen Backen kullerten dicke Tränen.

„Ich will nicht . . . will nicht", schluchzte sie.

„Was willst du denn nicht, Katitzi? Sag's doch! Hast du Angst? Aber wovor denn? Komm, hör auf zu weinen! Wir helfen dir auch!" Pelle und Gulla gaben sich die größte Mühe, Katitzi zu beruhigen.

„Ich will nicht nach Hause, versteht ihr?"

Erstaunt blickten sich Pelle und Gulla an. „Wir wollten, wir könnten nach Haus", sagte Gulla. „Wie oft haben wir uns das schon gewünscht. Aber wir dürfen nicht. Warum magst du denn nicht?"

„Aber dein Papa hat einen Wagen", sagte Pelle. „Mann, stell dir das doch mal vor! Ich bin noch nie in einem Auto gefahren! Muß das ein Spaß sein!"

„Nein, ich will bei euch bleiben! Ich kenne doch meinen Papa überhaupt nicht! Er macht solch ein strenges Gesicht. Und dann hat er einen großen schwarzen Bart! Lieber Pelle, liebe Gulla, bitte, bitte helft mir doch! Helft mir ein Versteck suchen! Niemand soll mich finden!"

Pelle überlegte einen Augenblick. „Ich weiß etwas", sagte er dann. „Im Haus sind alle herumgelaufen und haben dich gesucht. Da schaut keiner mehr nach. Schleich dich durch die Hintertür und die Treppe hinauf. Dann kannst du dich in Fräulein Larssons Zimmer verstecken. Da findet dich niemand."

Pelle und Gulla liefen voraus und spähten umher, ob auch niemand in der Nähe des Hauses war. Doch weit und breit war kein Mensch zu sehen. Alle waren draußen im Walde und riefen und suchten. Man hörte es schon von weitem.

Da flitzte Katitzi so schnell sie konnte durch die Hintertür hinein und schlich leise wie ein Mäuschen die Treppe hinauf. Als sie schon halb oben war, ging plötzlich eine Tür auf. Jemand rief: „Katitzi, bist du's?"

Das war Fräulein Kvist.

„Aber Katitzi, Kleines, wo hast du bloß gesteckt? Alle sind fort und suchen dich. Und dein Papa ist traurig, daß du nicht kommst."

Trotzig und verwirrt blieb Katitzi auf der Treppe stehen.

„Ich mag nicht kommen. Ich will nämlich nicht nach Haus. Ich rücke aus, ich will einfach nicht mit!"

„Aber Katitzilein, willst du uns denn alle traurig machen? Und wie siehst du bloß aus? Geh und wasch dich! Du bist ja furchtbar schmutzig. Und wie zerzaust deine Haare sind!"

„Liebes gutes Fräulein Kvist! Können Sie mich nicht verstecken? Ich will auch ganz gewiß furchtbar artig sein, wenn ich nur hierbleiben darf!"

„Du brauchst dich doch nicht zu fürchten! Du zitterst ja richtig! Weißt du, Katitzi, der Mann, der dort unten sitzt, ist doch dein Papa. Er möchte dich so gern wiedersehen. Er ist bestimmt sehr, sehr nett. Kannst du dir gar nicht vorstellen, daß er Sehnsucht nach dir hat? Begreifst du das nicht? Deswegen ist er doch hergekommen!"

„Aber haben Sie auch die anderen im Auto gesehen, Fräulein Kvist? Wie sehen die aus! Sie haben so komische Sachen an! So etwas hab' ich noch nie gesehen!"

„Ich glaube, das sind deine Geschwister, Katitzi! Ich finde ihre Kleider gar nicht komisch. Sie sind nur ein bißchen länger als deine und meine, so hübsch bunt!"

„Trotzdem will ich nicht mit ihnen fahren", sagte Katitzi.

„Komm erst mal zu mir in mein Zimmer! Ich werde mit deinem Papa und mit Fräulein Larsson reden. Dann sehen wir weiter."

Fräulein Kvist begriff, daß Katitzi sich nicht mehr an ihren Papa und an die Geschwister erinnern konnte und daß sie nun Angst hatte, das Heim zu verlassen.

„Ich werde mit ihm reden und ihn bitten, sie noch ein wenig hierzulassen", dachte Fräulein Kvist, als sie die Treppe hinunter auf den Hof ging. Sie bat Katitzis Papa und Fräulein Larsson, erst einmal ins Büro zu kommen.

Fräulein Larsson verzog den Mund. Ihr gefiel der Vorschlag gar nicht. Was sollte das nun wieder? Immer mußte sich diese Person einmischen! Was hatte sie sich jetzt bloß wieder ausgedacht? Hoffentlich nichts Unangenehmes! Jedenfalls sie, Fräulein Larsson, würde da nicht mitmachen!

Katitzis Vater sah sehr traurig aus. „Wo steckt das Kind denn nur?" fragte er. „Wir können doch nicht den ganzen Tag nach ihr suchen. Ich muß heim. Alle warten auf uns."

Im Büro ergriff Fräulein Kvist schnell das Wort.

„Können Sie uns Katitzi nicht noch ein wenig hierlassen, Herr Taikon?" fragte sie. „Sie ist so gern hier. Dies kommt alles viel zu plötzlich für das Kind. Man sollte ihr Zeit lassen und sie langsam an den Gedanken gewöhnen, daß sie uns verlassen muß."

„Das geht nun aber wirklich zu weit!" erwiderte Fräulein Larsson scharf. „Wollen Sie sich etwa in die Sache einmischen? Jetzt, wo Katitzis Vater gekommen ist, um sein eigenes Kind abzuholen? In sein eigenes Heim! Das verstößt gegen die Vorschriften!"

Aber Fräulein Kvist gab nicht so schnell auf.

„Katitzi hat ihren Papa überhaupt nicht erkannt. Sie hat ihn vergessen. Vielleicht geht es besser, wenn wir sie auf alles vorbereiten und ihr ein bißchen von ihrer Familie erzählen."

Katitzis Papa schien etwas erleichtert zu sein. Jedenfalls sah er nicht mehr ganz so traurig aus.

„Ja, vielleicht haben Sie recht! Die Kleine ist schon so lange von uns fort. Gewiß hat sie uns alle vergessen. Ich bin mit Ihrem Vorschlag einverstanden! In zwei Wochen komme ich wieder. Glauben Sie, daß es dann besser gehen wird, Fräulein Kvist?"

Fräulein Kvist lächelte zuversichtlich. Katitzis Papa gefiel ihr, und darüber war sie richtig froh.

„Natürlich! Ich werde Katitzi erzählen, welch netten Papa sie hat. Sie braucht nämlich viel Liebe. Ich bin fest davon überzeugt, daß sie gern mitkommt, wenn Sie sie dann abholen." — Dabei blieb es. Katitzis Papa und die Geschwister fuhren davon. Aber Fräulein Larsson sah gar nicht zufrieden aus.

„Nun hör aber mal, Gerda!" sagte sie zu Fräulein Kvist. „Mußt du dich denn in alles einmischen? Dieses Mal bist du wirklich zu weit gegangen!"

„Wieso denn?" fragte Fräulein Gerda Kvist mit unschuldiger Miene.

„Du weißt, wie froh ich wäre, wenn wir Katitzi los würden! Immer hat man Ärger mit dem Kind!"

Fräulein Kvist schüttelte den Kopf. Sie war anderer Meinung.

„Du meinst, *du* hast dich über sie geärgert. Wir anderen können das nicht von uns behaupten."

„Aber du mußt doch zugeben, daß Katitzi unleidlich ist. Immer kommt sie zu spät! Fast nie ist sie pünktlich zum Essen da. Und wie sieht das Kind manchmal aus! Überall bekleckert sie sich. Und dann all die dummen Streiche, die sie sich ausdenkt!"

„Aber Emma! Das sagst du? Dabei hast du selber immer so viele Einfälle! Kannst du denn an gar nichts anderes denken als an die Heimregeln und an Ordnung? Das ist doch wirklich nicht das Wichtigste auf der Welt!"

„Na ja, es wäre ja nicht so schlimm, wenn es sich nur um Katitzi handelte. Aber die anderen machen ihr doch alles nach. Sie finden großartig, was Katitzi tut. Und wenn sie mir nicht gehorcht, lachen sie mich hinter meinem Rücken aus."

„Aber gib doch zu, Emma, daß die Kinder viel fröhlicher geworden sind, seitdem Katitzi bei uns ist!"

Draußen trampelte jemand die Treppe hinunter. Katitzi hatte gehört, daß das Auto davongefahren war und kam zum Vorschein.

„Darf ich hierbleiben, liebes Fräulein Kvist?"

„Ja, noch ein Weilchen. Fräulein Larsson hat das eben mit deinem Papa verabredet", sagte Fräulein Kvist.

„Diese Hexe!" dachte Fräulein Larsson. „Niemand hat etwas verabredet. Sie hat alles auf eigene Faust gemacht." Laut aber sagte sie: „Ja, Katitzi, du darfst noch eine Zeitlang bei uns bleiben. Aber du mußt versprechen, daß du dich anständig benimmst."

„Jaha!" jubelte Katitzi und flog Fräulein Larsson um den Hals, die vor Überraschung die Brille fallen ließ. Die Brille knallte auf den Fußboden, die Gläser zerbrachen.

„Na, das fängt ja gut an!" dachte die Heimleiterin, sagte aber nichts.

Wo kommt Katitzi her?

„Gute Nacht, ihr Kinder! Schlaft gut!" sagte Fräulein Kvist und knipste das Licht aus.

„Katitzi! Psst! Katitzi!" rief Gulla leise. „Schläfst du schon?"

„Ach wo, keine Spur!" versuchte Katitzi zu flüstern.

„Haltet eure Klappen und schlaft!" rief Ruth empört durch die Dunkelheit.

Katitzi lief zu Gulla hinüber und kroch in ihr Bett. Ein Weilchen blieb es still, dann fragte Gulla zögernd:

„Sag mal, Katitzi, wo kommst du eigentlich her?"

„Ich weiß es selber nicht", antwortete Katitzi. „Ich meine, falls du wissen willst, wo ich geboren bin oder wer meine Eltern sind und so."

„Dann weißt du überhaupt nichts von deinen Eltern?"

Katitzi schien deswegen nicht besonders betrübt zu sein.

„Nee. Keine Ahnung! Weißt du denn etwas von deinem Papa und deiner Mama?"

„Nein, gar nichts. Pelle und ich sind ja schon als Babys hierhergekommen, und Fräulein Larsson mögen wir nicht fragen."

„Ich weiß nur, daß mich die Zirkusleute nicht länger behalten konnten", sagte Katitzi.

„Zirkusleute?" fragte Gulla. „Was sind denn das für Leute?"

„Na, Menschen natürlich! Ganz normale Menschen, obwohl sie einen Zirkus hatten. Warst du noch nie in einem Zirkus?"

„Nein, ich glaube nicht. Was ist denn das, ein Zirkus? Irgendwo habe ich das Wort schon mal gehört."

Katitzi wurde immer eifriger, als sie weiter erzählte: „Das ist ein großes, rundes Zelt mit vielen Tieren. Hast du schon mal einen Elefanten gesehen, Gulla?"

„Nein ... ja, auf Bildern natürlich. Aber in Schweden gibt's doch wohl keine Elefanten? Wenigstens keine lebendigen, meine ich!"

„Und ob! Du kannst auf ihren Rücken springen und auf ihnen reiten. Große, graue Elefanten, die mit dem Rüssel einen Menschen hoch in die Luft heben können!"

„Und warum machen sie das? Das kommt mir aber komisch vor! Sie können doch auch Menschen etwas Böses antun?"

Während Katitzi und Gulla miteinander schwatzten, versammelten sich die anderen Kinder um sie und lauschten mäuschenstill mit weit aufgerissenen Augen.

„Aber wo! Elefanten tun keinem Menschen etwas! Das sind sogar gute Freunde. Wenigstens unsere Elefanten waren es. Sie hatten gelernt, daß man Menschen nur ganz vorsichtig hochheben darf. Natürlich konnten sie auch andere Kunststücke. Aber es gab im Zirkus noch viele andere Tiere: Affen, Giraffen, Seelöwen, Zebras, Pferde ... ach, ich weiß nicht, was noch alles! Ihr ahnt ja nicht ...“

„Sei doch endlich still. Ich will das gar nicht hören“, unterbrach Ruth Katitzis Schilderung. „Fräulein Larsson hat gesagt, daß wir schlafen sollen. Ich glaube auch nicht, daß Katitzi die Wahrheit sagt und das alles gesehen hat. Die will sich nur wichtig machen!“

Ruth verschwand unter ihrer Decke. Die anderen Mädchen schauten ihr nach. Britta sagte: „Laßt die nur reden! Kümmert euch nicht um sie! Wir glauben dir, Katitzi! Erzähl noch mehr! Was habt ihr im Zirkus gemacht?“

„Alle Tiere hatten Kunststücke gelernt. Der Seelöwe jonglierte mit Bällen auf der Nase. Und die Löwen, die ...“

„Löwen?“ unterbrach Gulla sie. „Solche, die's in Afrika gibt? Die waren auch mit im Zelt? Wenn die nun aber über die Leute hergefallen wären? Die sind doch gefährlich!“

„Ja, aber unsere Löwen saßen doch im Käfig! Die hatten einen Mann bei sich, der immer mit der Peitsche knallte. Und deswegen gehorchten sie ihm auch.“

„Hat er sie etwa damit geschlagen?“ fragte Britta.

„Nein, die Löwen hat er nie geschlagen. Die Zirkusleute waren überhaupt sehr nett mit ihren Tieren. Er knallte nur so in der Luft herum, und dann machten die Löwen ihre Kunststücke. Sie setzten sich auf Schemel oder liefen und sprangen auf Kommando im Käfig umher.“

„Hast du dich nie im Zirkus gefürchtet?“ fragte Gulla. „Hattest du keine Angst, daß dich die Löwen beißen könnten?“

Katitzi schaute ihre Freundin an und sagte: „Nein, ich hab' mich nie gefürchtet. Warum auch? Ich kannte doch den Mann, der die Löwen versorgte. Er war ein Freund von meinem Pflegevater.“

Aber das war geflunkert. Eine Stimme in Katitzis Innerem sagte etwas ganz anderes, nämlich: „Und ob ich vor den Löwen Angst gehabt habe! Ganz schreckliche sogar! Aber das erzähle ich hier lieber nicht. Sonst halten sie mich für feige."

„Warst du denn oft im Zirkus?" fragte Gulla.

„War es teuer, wenn man die Tiere sehen wollte?" erkundigte sich Britta.

„Wir brauchten natürlich gar nichts zu bezahlen", erklärte Katitzi. „Denn wir waren doch mit allen bekannt. Der Clown und ich waren die besten Freunde."

„Ein Clown? Was ist denn das nun wieder?" fragte eins der Mädchen.

„Ein Clown ist ein Spaßmacher. Er verkleidet sich ganz komisch und malt sich das Gesicht weiß an", sagte Katitzi.

„Und warum tut er das?" wollte Gulla wissen. „Findet er das schön?"

„Alle Kinder finden das ganz prima. Er macht Spaß mit den Leuten. Unser Clown hatte ein Äffchen, das sich vorstellte und die Leute grüßte, die auf den Bänken saßen. Natürlich machte der Clown auch Musik. Er spielte alles mögliche: Geige, Gitarre, Trompete und ich weiß nicht, was noch alles", erzählte Katitzi. Sie schwieg einen Augenblick und dachte nach. Dann fuhr sie fort: „Ich kann mich nicht mehr so richtig an alles erinnern, was er sonst noch machte. Aber es war eine ganze Menge. So lustig! Hoffentlich kommt er eines Tages auch hierher, dann könnt ihr alles selber sehen!"

„Ob er wirklich hierher kommt?" Gulla glaubte nicht so recht daran.

„Warum denn nicht?" fragte Katitzi. „Ein Zirkus muß im ganzen Lande umherreisen. Da kann er doch auch hierher kommen."

„Glaubt ihr etwa, daß uns Fräulein Larsson erlaubt, in einen Zirkus zu gehen?" Britta konnte sich das wirklich nicht vorstellen.

„Vielleicht doch, wenn's nichts kostet", meinte Katitzi. „Aber darum braucht ihr euch jetzt keine Sorgen zu machen. Noch ist er nicht hier, und ob er kommt, wissen wir noch nicht. Aber eins hab' ich euch noch gar nicht erzählt", fuhr sie eifrig fort. „Da war nämlich noch die Prinzessin auf dem Seil."

Gullas Augen wurden riesengroß. „Was? Eine Prinzessin gab's auch bei euch?"

„Ja, sie tanzte auf einem Seil."

„Meinst du damit solch eine Wäscheleine wie die von Fräulein Larsson?"

„So ähnlich", sagte Katitzi. „Aber im Zirkus nennt man das nicht Wäscheleine. Und natürlich ist das Seil viel dicker. Sie binden es hoch oben zwischen den Masten fest und spannen es ganz straff. Dann muß sie darauf hin und her gehen."

„Fällt sie nicht herunter?" fragte Gulla.

„Nein. Jedenfalls hab' ich's nicht gesehen. Aber Jack, der Clown, hat mir mal erzählt, daß sie abgestürzt ist."

„Ist sie gestorben?" fragte Gulla. „Wenn das Seil so hoch war?"

„Hoch war es, aber gestorben ist sie nicht, denn sie fiel in ein Netz, das sie darunter gespannt hatten."

„Erzähl uns noch mehr!" verlangten die Mädchen. „Erzähl uns alles, was du erlebt hast, Katitzi! Es ist so spannend!"

Doch da erklangen auf dem Flur leise Schritte. Es hörte sich so an, als ob dort jemand herumschliche und horchte. Die Mädchen wußten, was das zu bedeuten hatte und flitzten in ihre Betten. Alle taten so, als ob sie schliefen.

Die Tür ging auf. Fräulein Larsson steckte ihren Kopf ins Zimmer und sagte: „Mir war doch so, als hätte hier jemand gesprochen!"

„Ja", sagte Ruth. „Das war Katitzi. Sie quasselt immerzu. Dabei haben Sie doch gesagt, daß wir schlafen sollen."

Fräulein Larsson ging hinüber zu Katitzis Bett. Die aber hatte die Augen zugemacht und tat, als schliefe sie.

„Wer hat hier geredet?" fragte Fräulein Larsson mit Schärfe. „Warst du das, Katitzi?"

Katitzi schlug die Augen auf, blinzelte und tat, als würde sie aus tiefstem Schlaf gerissen. „Was? Nein, ich war's nicht!" Und schon drehte sie sich um und schien weiter zu schlafen.

„Aber ich hab doch jemanden reden hören! Ruth sagt auch, daß es Katitzi gewesen wäre. Sagt, ihr Mädchen, war es nun Katitzi oder nicht?"

Alle, außer Ruth, riefen wie aus einem Munde: „Nein!"

„Vielleicht hat Ruttan phantasiert", meinte eine.

„Das ist nicht wahr! Ich phantasiere nie!" sagte Ruth empört.

„Woher weißt du denn das?" fragte Gulla spöttisch. „Wenn du schläfst, bist du doch nicht wach!"

„Ich weiß, was ich sage, wenn ich behaupte, daß es Katitzi war. Ich hab' nämlich alles gehört, was sie erzählt hat, ob ihr's glaubt oder nicht", trumpfte Ruth auf.

Fräulein Larsson ging zu ihr hinüber. „Was hast du gehört, Ruth?" fragte sie.

„Ach, sie hat viel gequasselt, von Löwen und Prinzessinnen und alles Mögliche. Ein Zirkus soll hierherkommen, und wir brauchen nichts zu bezahlen, wenn wir hineingehen. Denn Katitzi kennt einen Mann, der Clown heißt."

Fräulein Larsson schwieg eine Weile. Es wurde mäuschenstill im Zimmer. Schließlich sagte sie sehr streng: „Schluß jetzt mit all diesen Dummheiten! Ich will kein Wort mehr hören. Wenn ihr wieder anfangt, kommt ihr morgen eine ganze Stunde früher ins Bett."

Das energische Fräulein Larsson schloß die Tür hinter sich zu.

„Petze! Petze! Quasselstrippe!" tuschelten die Kinder gerade so laut, wie sie es wagen konnten. Natürlich meinten sie damit Ruth.

„Gute Nacht, alle miteinander", sagte Katitzi. „Nächstes Mal erzähle ich euch noch mehr vom Zirkus. Aber dann passen wir auf, daß keiner zuhört, der uns stört. Dann kann auch keiner petzen." Das ging an Ruths Adresse. Alle begriffen das. Auch Ruth.

Zigeunerin Katitzi

Eines Abends, als alle Kinder gegessen, sich die Zähne geputzt und gewaschen hatten, überhaupt alles, was vor dem Schlafengehen getan werden muß, schlich Fräulein Kvist leise zu Katitzi hinein.

„Katitzi, zieh dir deinen Schlafrock über und komm zu mir. Ich möchte gern ein bißchen mit dir schwatzen."

„Gibt's etwas Aufregendes?" fragte Katitzi.

„Du wirst es gleich hören. Oder bist du schon zu müde?"

„Aber wo! Es gibt nichts Schöneres, als abends noch ein bißchen zu klönen", widersprach Katitzi eifrig. „Aber was sagt Fräulein Larsson dazu? Die regt sich doch immer gleich so auf, wenn wir mal abends nicht sofort einschlafen?"

„Mach dir deswegen keine Gedanken, Katitzi!" sagte Fräulein Kvist. „Sie hat erlaubt, daß du heute noch ein bißchen aufbleiben darfst."

„Ich mach' auch schnell", sagte Katitzi eifrig und sprang aus dem Bett.

Die anderen Mädchen in Zimmer fünf schliefen natürlich alle noch nicht und waren schrecklich neugierig, was Fräulein Kvist mit Katitzi vorhatte.

„Was meinst du denn, Gulla?" fragte Britta, als sich die Tür hinter Katitzi schloß. „Was ist los?"

„Wahrscheinlich bekommt sie Schelte, weil sie zu spät zum Mittagessen gekommen ist", prophezeite Ruth.

„Du denkst natürlich immer an das Schlimmste", warf ihr Britta vor. „Glaubst du auch, daß sie ausgescholten wird, Gulla?"

„Ihr seid wohl dumm! Ihr wißt ganz genau, daß Fräulein Kvist niemals schimpft. Sie ist die Netteste im Haus und nimmt uns immer in Schutz."

„Auch mich?" fragte Ruth verwundert.

„Klar tut sie das! Wenn ich ‚uns' sage, meine ich alle", sagte Gulla und wandte sich dann wieder an Britta: „Ob Katitzi nun doch heimfahren soll?"

Britta nickte ein wenig nachdenklich. „Mir kam Katitzi heute ein bißchen traurig vor. Sie war so still."

„Ich weiß, daß sie Katitzi wegschicken", sagte Ruth plötzlich. „Ich hab' nämlich davon gehört, wie die beiden Fräulein gestern davon gesprochen haben."

„Und warum hast du uns nichts davon gesagt?" erkundigte sich Gulla.

Ruth warf den Kopf in den Nacken und machte ein böses Gesicht.

„Wie komm' ich denn dazu? Ihr erzählt mir ja auch nichts."

„Aber ich will nicht, daß Katitzi fortgeht", sagte Gulla traurig.

Da sagte Ruth sehr geheimnisvoll: „Ich weiß noch etwas, was ihr nicht wißt!"

„Was denn? Los, erzähl doch! Bitte, Ruttan, erzähl uns alles!" schrien die Mädchen durcheinander.

„Nein, das tu ich nicht!"

„Ich schenk dir auch meinen Taschenspiegel", versprach eins der Mädchen.

„Ehrenwort?"

„Klar, Ehrenwort. Aber beeil dich! Du kriegst ihn ganz bestimmt."

„Eure feine Katitzi ist ein *Zigeuner!*"

Eine Weile schwiegen alle. Dann fragte Gulla: „Was ist das denn? Was hast du gesagt?"

„*Zigeuner.* Ich sagte, daß sie *Zigeuner* ist!"

Wieder schwiegen alle, dieses Mal ziemlich lange. Es schien so, als wollte keine etwas dazu sagen. Unsicher fragte Gulla schließlich: „Was ist denn das? Ein Zigeuner? Erklär's uns doch mal, Ruttan!"

„Ich werde euch mal erzählen, was Fräulein Larsson zu Fräulein Kvist gesagt hat." Alle Mädchen lauschten gespannt. Zum ersten Mal war Ruth Mittelpunkt. Das genoß sie und war noch ekliger als sonst.

„Na ja, ich war gerade an der Tür zur Waschküche, als Fräulein Larsson sagte, wie schön es würde, wenn Katitzi erst mal fort wäre."

„Warum hat sie das gesagt?" fragte Britta.

„Hör doch zu und unterbrich mich nicht!" fuhr Ruth sie an. „Fräulein Larsson sagte: ‚Diese Zigeuner können sich doch niemals so benehmen wie gewöhnliche Menschen. Sie können sich nicht an die Regeln gewöhnen, nach denen sich andere Menschen richten müssen.'"

„Aber hat Fräulein Larsson denn erklärt, was Zigeuner, oder wie sie heißen, für Leute sind?" fragte Gulla.

„Danach hat Fräulein Kvist auch gefragt. Aber Fräulein Larsson wußte es selber nicht genau. Sie glaubte, daß die Zigeuner aus Ungarn kommen, und das ist ganz weit weg im Ausland."

„Dann ist Katitzi wohl Ausländerin?" fragte Britta und war tief beeindruckt.

Ruth wurde langsam etwas unsicher. „Das weiß ich nicht. Aber haltet jetzt mal den Mund, damit ich euch erzählen kann, was Fräulein Larsson gesagt hat. Sie sprach davon, daß Katitzis Papa ein Tingeltangel hätte und daß die Familie in Zelten lebt."

Die Mädchen begriffen überhaupt nichts mehr.

„Was ist denn das, ein Tingeltangel?" fragte Gulla.

„Nun quatsch doch nicht dauernd dazwischen! Ich weiß es auch nicht, aber Fräulein Larsson tat nicht so, als ob das etwas Feines wäre, sondern sie sah ziemlich hochmütig aus, als sie davon sprach."

„Vielleicht ist das zum Spielen?" überlegte Gulla. „Deswegen braucht man doch nicht böse zu sein, wenn man davon redet."

„Aber dann hat Fräulein Larsson gesagt, daß es das Beste für Katitzi wäre, wenn sie wieder zu ihresgleichen zurückkäme, denn da paßte sie am besten hin."

„Und was meinte Fräulein Kvist dazu? Irgend etwas muß sie doch darauf geantwortet haben."

„Naja, sie redete davon, daß man vor allem an Katitzi denken müßte und daß es bestimmt kein Vergnügen wäre, im Zelt zu leben. Ja, und man sollte nett zu ihr sein. Natürlich, das hat sie auch noch gesagt."

„Warum auch nicht? Man muß zu allen Menschen nett sein", bestätigte Gulla.

„Na ja, vielleicht", gab Ruth zu. „Aber Fräulein Larsson meint, daß die Zigeuner anders sind als alle übrigen Menschen und gar nicht begreifen, wenn man es gut mit ihnen meint. Dann sagte sie noch, daß die Zigeuner Hühner stehlen ..."

„Hör mal", sagte Gulla entrüstet, „das nehme ich dir aber nicht ab!"

„Klar hat sie das gesagt. Fräulein Kvist hat dazu gelächelt. So, nun wißt ihr's!"

„Jetzt verstehe ich überhaupt nichts mehr", sagte Gulla. „Katitzi klaut keine Hühner! Woher sollte sie die auch nehmen? Hier gibt's doch gar keine! Katitzi kann ruhig bei uns bleiben."

„In ein paar Tagen soll sie fort, und Fräulein Kvist muß sie darauf vorbereiten", sagte Ruth zufrieden.

Zum dritten Mal wurde es mäuschenstill in Zimmer fünf. Gulla dachte: „Arme Katitzi! Wie gern bliebe sie hier!"

„Ich glaube, hier wird's ganz trostlos werden, wenn Katitzi fortgeht", sagte Britta. „Im übrigen pfeife ich darauf, ob sie Zigeuner ist und ihr Vater ein Tingeltangel hat."

„Aber sie ist wirklich *Zigeuner*", sagte Ruth wichtigtuerisch.

„Du weißt ja nicht mal, was das bedeutet", schnaubte Britta.

„Ich will jedenfalls nichts mehr mit ihr zu tun haben", erklärte Ruth.

„Aber auf ihr blaues Kleid bist du neidisch! Das haben wir schon gemerkt. Immer warst du neidisch oder eifersüchtig auf Katitzi. Ich finde, du bist richtig blöde, wenn du Katitzi gern forthaben möchtest." Gulla fing an zu weinen.

„Heul nicht", sagte Britta. „Es wird schon alles gut werden. Katitzi erzählt uns bestimmt, was sie mit Fräulein Kvist besprochen hat. Ich glaube, sie erlauben ihr, daß sie bei uns bleibt, wenn sie es so gerne möchte. Kommt, legt euch hin! Katitzi kommt bald zurück, und dann erfahren wir alles!"

„Sie ist jedenfalls ein *Zigeuner*", wiederholte Ruth, die immer das letzte Wort behalten mußte.

Ein Plauderstündchen am Abend

„Komm, Katitzi, setz dich aufs Bett! Wenn du magst, kannst du dich auch gern hineinlegen. Aber dann mußt du vorher deine Pantoffeln ausziehen."

Katitzi war mächtig neugierig. Was wollte Fräulein Kvist ihr wohl erzählen? Das Fräulein war der netteste Mensch, den Katitzi in ihrem kurzen Leben getroffen hatte, wenigstens von allen Erwachsenen, die sie kannte.

„Magst du Saft und süße Brötchen?" fragte Fräulein Kvist. „Oder bist du noch zu satt vom Abendbrot?"

„Ach wo! Wenn's was Gutes gibt, bin ich nie zu satt! Rosinenbrötchen könnte ich den ganzen Tag essen", erklärte Katitzi. Beide lachten.

„Aber wie ist das mit meinen Zähnen? Nach dem Putzen darf man doch eigentlich nichts mehr essen."

Fräulein Kvist blinzelte mit einem Auge und lächelte. „Dann putzt du sie eben noch einmal. Versprich mir, daß du's tust, ehe du ins Bett gehst! Du weißt, daß Essensreste den Zahnschmelz kaputt machen. Dann bekommt man überall Löcher. Und die möchtest du doch nicht haben?"

„Nein, auf keinen Fall! Es ist ganz schrecklich, wenn man Löcher in den Zähnen hat. Das sieht schauderhaft aus!"

„Ja, das stimmt. Nun iß und trink!"

Fräulein Kvist wurde wieder ernster. „Hast du schon mal wieder daran gedacht, daß dein Papa hier war und dich holen wollte?"

Katitzi lächelte mit vollem Mund. „Klar hab' ich das! Können Sie mir etwas von ihm erzählen, Fräulein Kvist? Kennen Sie ihn näher?"

„Viel weiß ich auch nicht, aber ich kann's ja mal versuchen."

„Sagen Sie mir doch alles, was Sie wissen!"

Oft hatte Katitzi versucht, an ihre Familie zu denken. Aber beim besten Willen konnte sie sich nicht an ihre Eltern erinnern. Von der Zirkusmama wußte sie, daß ihre richtige Mutter gestorben war, als Katitzi klein war. Aber sie war wohl damals noch ganz winzig gewesen, denn sie hatte wirklich gar keine Erinnerung mehr daran.

„Was weißt du noch aus der Zeit, bevor du zu den Zirkusleuten kamst?" fragte Fräulein Kvist.

„Nichts. Doch, mir fällt etwas Merkwürdiges ein. Das muß aber schon Ewigkeiten her sein. Ich erinnere mich an eine große Tonne, in der ein Feuer brannte. Und ich war angebunden ...“

„Das war gewiß euer Ofen.“

„Aber, Fräulein Kvist, warum war ich denn angebunden? Glauben Sie, daß ...“

„Sag ruhig Tante Gerda zu mir. Vielleicht fällt uns beiden das Reden leichter.“

„Gern“, sagte Katitzi und versuchte, einen Knicks im Bett zu machen, aber das war ein bißchen schwierig.

„Sie haben dich vielleicht angebunden, Katitzi, weil du noch so klein warst und dich am Ofen verbrannt hättest. Es ist ja möglich, daß ihr so eng gewohnt habt und deswegen die Gefahr bestand, daß ihr euch dauernd aneinander gestoßen hättet. Da haben sie dich halt mit einem Strick festgebunden, damit dir nichts passierte.“

„Aber ist das nicht schrecklich? Hatten wir denn keinen richtigen Herd? Oder solch eine Kochplatte wie die Zirkusleute?“

„Vielleicht hast du schon gemerkt, Katitzi, daß es auf dieser Erde lauter verschiedene Menschen gibt? Nicht alle leben auf die gleiche Art und Weise.“ (‚Leider‘, dachte Fräulein Kvist bei sich, laut aber sagte sie:) „Den einen geht es besser, den anderen schlechter.“

„Ja, aber was hat denn das mit meinem Papa zu tun?“

„Dein Papa wohnt weit weg von hier. Er hat mehrere Kinder, das sind deine Geschwister. Aber wie viele es sind, das weiß ich auch nicht.“

Katitzi strahlte: „Hab’ ich wirklich Geschwister?“

„Ja, tatsächlich! Ich kenne eine Frau, die dort in der Nähe wohnt. Sie schreibt mir ab und zu und weiß von mir, daß du jetzt hier bist. Sie kennt deinen Papa und findet ihn sehr, sehr nett.“

„Aber, Tante Gerda, wie groß sind denn meine Geschwister? Ich meine, wie alt können sie sein?“

„Das weiß ich wahrhaftig nicht, mein Kleines. Aber diese Frau hat mir von einem Mädchen geschrieben, das so ungefähr zwölf bis dreizehn Jahre alt ist. Es kommt öfters zu meiner Bekannten und leiht sich einen großen Wäschetopf aus. Meine Bekannte hat sie einmal gefragt, wie sie heißt und hat erfahren, daß ihr Name Rosa Taikon ist. Es gibt auch noch kleinere Geschwister, um die sie sich kümmert. Rosa hat von einer Schwester im Kinderheim erzählt, die bald nach Hause käme. Alle hätten große Sehnsucht nach ihr."

Katitzi schwieg. Es fiel ihr schwer, gerade jetzt etwas zu sagen.

„Hat sie ... hat sie wirklich gesagt, daß sie Sehnsucht, daß sie gern möchten, daß ich zurückkäme?"

„Natürlich! Rosa ist demnach sechs Jahre älter als du. Natürlich erinnert sie sich viel besser an dich als umgekehrt."

Wieder mußte Katitzi nachdenken.

„Und warum hat sie sich einen Wäschetopf geliehen? Haben wir denn keine Waschküche? So eine wie wir hier im Heim haben?"

„Eine Waschküche wird's dort kaum geben", sagte Tante Gerda. „Aber wenn sie keine eigene haben, werden sie vielleicht eine mieten dürfen, und deswegen hat sich Rosa den Topf ausgeliehen."

Nun hatte Katitzi eine ganze Menge zum Nachdenken. Sie war sich nicht sicher, daß das, was sie hörte, erfreulich war.

„Aber wenn sie keinen richtigen Herd haben, keine Waschküche und nicht mal einen Wäschetopf, dann sind sie wohl ganz furchtbar arm?"

Fräulein Kvist schwieg ein Weilchen. Sie hatte selber schon oft darüber nachgedacht. Es war wirklich schwierig, Katitzi all das zu erklären.

„Ich glaube nicht, daß sie Not leiden", sagte sie schließlich. „Im übrigen wird es dir dort gewiß gut gefallen. Denk nur, wie schön es mit mehreren Geschwistern sein wird. Du gewinnst sie schnell lieb und hast uns alle hier im Handumdrehen vergessen."

Aber da war Katitzi doch anderer Meinung. „Nein! Pelle und Gulla werde ich nie vergessen! Und natürlich auch Sie nicht, Fräulein Kvist, ich meine Tante Gerda! Nie, niemals vergesse ich, wie nett Sie zu mir waren!"

„Das ist fein, Katitzi! Vielleicht treffen wir uns später einmal wieder. Und dann werden wir ja sehen, ob du dich noch erinnerst."

„Ich vergesse nur die, die nicht nett zu mir waren!" erklärte Katitzi. Dann schaute sie Fräulein Kvist an und fragte: „Tante Gerda, was kann mein Papa dafür, daß er so finster aussieht mit seinen schwarzen Haaren und seinem schrecklich großen Bart?"

„Bestimmt nichts. Ich kenne viele Männer mit Bärten, glaub mir. Mein eigener Vater hatte auch einen, und sein Haar war genauso dunkel wie deines. Aber meine Mutter war ganz blond. Ich wurde rothaarig und erinnere mich sehr gut daran, wie mich die Kinder in der Schule deswegen hänselten. ‚Rotfuchs‘ riefen sie hinter mir her oder ‚Fackel‘.“

„Und wie hast du dich dagegen gewehrt? Hast du dich mit ihnen geprügelt? Ich hab’ die anderen verdroschen, als sie ‚schwarze Hexe‘ hinter mir herriefen.“

„Nein, Katitzi. Ich hab’ mich überhaupt nicht gewehrt, hab’ mich nicht geschlagen und hab’ nichts gesagt. Meine Mutter war Lehrerin, und deswegen mußte ich immer die Artigste sein. Oft hätte ich’s den anderen gern gezeigt und sie kräftig verprügelt. Das kannst du mir glauben, Katitzi!“

„Aber daß du das geschafft hast! Mir wäre es egal gewesen, und wenn meine Mutter zehnmal Lehrerin gewesen wäre! Ich hätte die anderen verprügelt, daß sie nur so den Abhang hinuntergekegelt wären.“

„Ach, Katitzi, man soll nicht immer Gewalt anwenden.“

„Klar muß man sich wehren, sonst wird’s ja immer schlimmer. Dann hört der Spott überhaupt nicht mehr auf!“

„Ich finde, man soll erst mit seinen Gegnern reden und versuchen, ihnen klar zu machen, wie dumm sie sich benehmen.“

„Na ja, manchmal geht das vielleicht, wenn sie klug genug sind, um einen zu verstehen. Aber alle kapieren das nicht, und dann ist es am besten, wenn man ihnen eine knallt.“

Fräulein Kvist blickte Katitzi einen Augenblick nachdenklich an, sagte aber nichts.

„Kannst du dich noch daran erinnern, Tante Gerda, als ich damals hierherkam? Da hat Ruttan sich immerzu etwas Neues ausgedacht, womit sie mich ärgern konnte.“

„Ruttan? Du meinst wohl Ruth?“ fragte Tante Gerda mit leisem Tadel.

„Ja, aber wir sagen ‚Ruttan‘ zu ihr, weil sie so doof ist.“

„Hör mal, dann ärgert ihr sie aber auch! Tut sie dir denn gar nicht leid? Denk dich doch mal in sie hinein: sie ärgert sich ganz genauso über dich, wie du dich über sie ärgerst. Wie wäre es denn, wenn du sie mit ihrem richtigen Namen anredetest? Dann benähme sie sich vielleicht gar nicht so schlimm, wie du sie jetzt findest. Hast du's schon mal versucht? Übrigens, weißt du denn noch, womit dich Ruth so sehr geärgert hat?"

„Klar weiß ich das. Sie hat ja nie aufgehört. Aber nun ist das nicht mehr so schlimm, weil ich Freunde habe, die zu mir halten."

„Und worüber ärgerst du dich am meisten?"

„Wenn sie mich deswegen verspottet, weil ich so dunkel bin. Und daß ich so lange Haare habe. Und weil sie meine Kleider komisch findet. Aber die sind doch gar nicht komisch, sie sind schön. Sie haben Volants und all so etwas. Am liebsten habe ich mein blaues. Das hat mir meine Zirkusmama genäht, als wir zu einem Fest eingeladen waren."

„Ja, ich finde dein blaues Kleid auch wunderschön."

„Aber Ruttan, ich meine Ruth, mag es gar nicht. Sie findet, daß ich wie eine Vogelscheuche darin aussehe, so wie die auf unseren Erdbeerbeeten draußen im Garten."

„In dem feinen Kleid siehst du wirklich nicht so aus. Aber was hast du denn darauf geantwortet?"

„Was ich gesagt habe? Das weiß ich nicht mehr, vielleicht gar nichts. Aber ich hab' ihr Haarband abgerissen und so tief in den Dreck getreten, daß man es nicht mehr sah."

„Das war aber nicht besonders nett von dir, Katitzi!"

Katitzi fühlte sich unsicher. Vielleicht hätte sie besser gar nicht erst davon angefangen. Man soll wahrhaftig den Erwachsenen nicht soviel erzählen! Die verstehen nicht alles so ganz richtig. Laut aber sagte sie:

„Tante Gerda! Ruth war wirklich nicht nett zu mir. Sie hat angefangen."

„Das stimmt. Aber ich glaube, daß sie sehr eifersüchtig auf dich und dein schönes Kleid ist, eifersüchtig und neidisch. Sie selber hatte nie so etwas Hübsches zum Anziehen. Leute werden nur allzu schnell neidisch, wenn andere etwas besitzen, was sie selber gern hätten."

„Pelle und Gulla sagen, daß Ruttan immer eifersüchtig auf mich gewesen ist."

Tante Gerda nickte. Sie schwieg eine Weile. Dann sagte sie:

„Ich hab' eine Idee, Katitzi!"

„Was für eine?"

„Was hältst du davon, wenn wir zum Abschied ein kleines Fest für dich veranstalten? Am letzten Tag, wenn du abreist? Dazu könntest du Ruth dein gutes Kleid leihen. Ich glaube, sie würde sich sehr darüber freuen."

„Ein Fest, wenn ich weggehe? Glaubst du denn, daß alle froh sind, wenn sie mich loswerden?" Katitzi machte ein trauriges Gesicht, wenn sie auch nicht richtig betrübt war, sondern eigentlich nur so tat. Es war doch eine große Ehre für sie.

Tante Gerda überlegte noch ein Weilchen. Dann sagte sie:

„Versteh' mich richtig, Katitzi! Ich möchte gern, daß sich auch die anderen ein bißchen freuen. Sie sind doch sehr traurig, weil du uns verläßt. Deswegen wollen wir sie wieder auf fröhliche Gedanken bringen."

„Ach so, das verstehe ich. Freust du dich denn, wenn ich Ruth mein blaues Kleid borge?"

„Ja, wirklich sehr."

„Wenn's dir soviel Freude macht, darf sie's gern anziehen."

Tante Gerda freute sich und sagte: „Nun wird's aber wirklich Zeit für dich, ins Bett zu gehen! Schleich dich nur recht leise ins Zimmer, damit niemand aufwacht!"

Katitzi schlich leise zurück und vergaß nicht einmal, sich die Zähne erneut zu putzen. Als sie endlich im Bett lag, war nur Gulla noch wach.

„Was war denn los, Katitzi? Was habt ihr besprochen? Hat dir Fräulein Kvist gesagt, daß du ein Zigeuner bist?"

„Nein. Was ist denn das? Wir haben von meiner Heimreise geredet und von dem Fest, das sie veranstalten will. Ruth darf mein blaues Kleid dazu anziehen."

Gulla schwieg. Sie begriff gar nichts, nur, daß Katitzi fortgehen würde. Die Sache mit dem Fest und dem blauen Kleid verstand sie nicht. Ruttan war so frech gewesen und hatte versucht, Katitzi hinter deren Rücken schlecht zu machen. Was sollte denn das mit dem blauen Kleid auf einem Fest? Dabei hatte Ruttan gesagt, daß Katitzi Zigeuner wäre!

„Komisches Wort", dachte Gulla. Sie flüsterte es noch einmal vor sich hin.

Aber dann zog sie die Decke über den Kopf und schlief ein.

Am nächsten Morgen

„Zigeuner! Zigeuner!"

Alle Mädchen schauten sich verschlafen im Zimmer um. Was war denn los? Welch ein Geschrei! Ruth stand im Zimmer und schrie so laut sie konnte.

„Was ist denn mit dir passiert?" fragte Gulla.

„Du bist wohl bescheuert?" fragte Britta.

„Katitzi ist ein Zigeuner!" schrie Ruttan höhnisch. Katitzi lugte unter ihrer Bettdecke hervor.

„Was bin ich?"

„Zigeuner bist du, ätsch!"

„Was ist denn das?" erkundigte sich Katitzi.

„Du bist nicht so wie wir! Du bist was ganz anderes! Fräulein Larsson hat das auch gesagt. Damit du's nur weißt!"

... „Hat Fräulein Larsson etwa gesagt, daß ich anders bin?" Katitzis Unterlippe fing an zu zittern.

„Jaha! Du bist nämlich ein Zigeuner, und das sind ganz andere Menschen."

Da stand Fräulein Kvist in der Tür. „Macht schnell, Kinder! Wascht euch! In zehn Minuten gibt es Frühstück."

Katitzi fing an zu weinen, aber Gulla versuchte, sie zu beruhigen.

„Was hast du denn, Katitzi?" fragte Fräulein Kvist.

„Ach, nichts!" schluchzte Katitzi.

„Da stimmt etwas nicht. Du weinst doch nicht wegen nichts und wieder nichts?"

Gulla sah Fräulein Kvist an. „Ruttan hat sich gemein gegen Katitzi benommen. Sie sagt, daß sie Zigeuner ist und daß Zigeuner andere Menschen sind."

„Aber hör' mal, Ruth! Was sind denn das für Dummheiten? Wo hast du denn das her? Wieso soll Katitzi anders sein als die übrigen Kinder?"

„Das hat Fräulein Larsson doch in der Waschküche zu Ihnen gesagt!"

„Seit wann horchst du denn an den Türen?"

„Das tu' ich nie! Aber ich hab' gehört, wie Fräulein Larsson davon

36

gesprochen hat, daß Katitzi ein Zigeuner ist und daß die Zigeuner andere Menschen sind."

„Da hast du aber etwas mißverstanden", widersprach Fräulein Kvist und dachte, ‚Was richten wir Erwachsenen manchmal an!' Tatsächlich hatte Fräulein Larsson so etwas Ähnliches gesagt.

„Bin ich denn wirklich Zigeuner?" heulte Katitzi.

„Ja, das stimmt. Aber weil du ein Mädchen bist, heißt es ‚Zigeunerin'."

„Na, was hab' ich gesagt! Hört ihr's?" triumphierte Ruth und blickte sich um. „Recht hab' ich gehabt! Katitzi ist eine Zigeunerin!"

„Nun aber Schluß damit!" sagte Fräulein Kvist energisch. „Hör auf, Katitzi zu ärgern, Ruth! Mir reicht's jetzt. Katitzi ist genauso wie ihr anderen. Weder besser noch schlechter. Und nun wascht euch endlich, damit ihr nicht zu spät zum Frühstück kommt."

Noch nie hatten die Mädchen Fräulein Kvist so ärgerlich gesehen. Sie flitzten in den Waschraum. Nur Katitzi hockte noch auf ihrem Bett und überlegte, was Zigeuner wohl für Leute sein mochten.

„Los, Katitzi, beeil dich!" rief Gulla. „Du willst doch nicht zu spät kommen?"

„Wartet nicht auf mich. Ich muß mich erst einen Augenblick besinnen."

Nach einem Weilchen folgte Katitzi den anderen in den Waschraum.

Endlich saßen alle am Frühstückstisch. Fräulein Larsson sprach das Morgengebet. Sie war in ungewöhnlich guter Laune.

„Heute nachmittag kommt hoher Besuch", erklärte sie. „Pastor Pettersson wird eine Andacht bei uns halten. Das wird fein."

„Na, das wird stinklangweilig werden", flüsterte Pelle seiner Schwester zu. „Meinst du nicht auch?"

„Aber dann singen wir doch, und das ist immer lustig."

„Ich finde, dieser Pettersson ist ein richtiger Schleimscheißer", tuschelte Pelle. „Was macht der immer für ein Theater mit der Larsson!"

„Aber die erst mit ihm!"

Fräulein Larsson hatte Falkenaugen, ihr entging nichts.

„Was habt ihr da zu flüstern?" fragte sie scharf.

„Ach, nichts weiter!" antworteten beide wie aus einem Munde.

Fräulein Kvist saß tief in Gedanken versunken und überlegte, ob man den Prediger nicht um Rat bitten sollte. Vielleicht wußte er über Zigeuner Bescheid. Immer wieder mußte sie daran denken, wie häßlich Ruth zu Katitzi gewesen war und wie sie die andere verhöhnt hatte. Leider wußte Fräulein Kvist so wenig von den Leuten, die man als Zigeuner bezeichnet. „Ich werde mal mit ihm reden", dachte sie. „Er reist so viel herum. Vielleicht kennt er Zigeuner und kann uns etwas von ihnen erzählen."

Als die Mädchen in der Küche saßen und Erbsen pahlten, kam Ruth angelaufen.

„Wo ist Katitzi? Wo ist das Zigeunermädchen?"

„Was hast du denn nun schon wieder? Sie wird wohl irgendwo in der Nähe sein. Was willst du von ihr? Warum machst du solch ein böses Gesicht?"

„Mein Taschenspiegel ist weg. Sie hat ihn geklaut. Einfach weggenommen! Sie ist eine Diebin!"

„Bist du verrückt? Katitzi nimmt niemandem was weg!"

„Woher weißt du denn das, wenn ich fragen darf? Dann bist du's wohl gewesen? Ich gehe jetzt zu Fräulein Larsson und beschwere mich darüber, daß Katitzi oder du oder sonst jemand meinen Taschenspiegel geklaut hat. Aber ich bin sicher, daß es Katitzi war! Schließlich ist sie Zigeunerin."

„Niemand hat deinen blöden Taschenspiegel geklaut! Aber frag doch Katitzi, da kommt sie ja!"

„Hör mal, Katitzi, hast du vielleicht Ruttans Spiegel genommen?" fragte Britta.

„Was fällt dir ein! Wie kannst du behaupten, Ruttan, daß ich dir deinen Spiegel weggenommen habe! Hast du das etwa gesehen?"

„Nein. Aber du warst allein im Zimmer, als wir anderen zum Waschen gingen. Und als ich zurückkam, war der Spiegel weg."

„Und warum sollte ich ihn genommen haben?"

„Weil du eine Zigeunerin bist, natürlich! Alle Zigeuner stehlen. Das weiß doch jeder."

Katitzi fing an zu weinen. „So was Schlimmes hat noch keiner zu mir gesagt."

„Hast du den Spiegel?" fragte Ruth. „Ich sage kein Wort zu Fräulein Larsson, wenn du ihn sofort herausgibst."

„Ich hab' deinen blöden Spiegel nicht! Ich will ihn auch gar nicht
haben! Hast du kapiert? Ich hab' ihn nicht mal angerührt!"

„Klar hast du ihn! Du bist eine Diebin! Verdammtes Zigeuner-
balg!" schrie Ruth.

Da wurde Katitzi aber böse. „Ich bin keine Diebin! Ich bin auch
keine Zigeunerin! Britta, sag du ihr, daß ich niemals klaue."

Katitzi stürzte sich auf Ruttan und zog sie an den Haaren. Die anderen Mädchen versuchten, die Kämpfenden zu trennen. Sie sahen
nämlich, daß Fräulein Larsson im Anmarsch war. Das konnte nicht
gut gehen!

„Ruhe! Hört doch auf! Seht ihr denn nicht, daß Fräulein Larsson
kommt? Los, laßt uns hinaufgehen! Wir suchen alle zusammen das
ganze Zimmer durch, bis wir Ruttans Spiegel gefunden haben. Aber
dann wehe dir, Ruttan!"

Die Mädchen rissen sich die Schürzen ab und stürmten hinauf. Da
kam Fräulein Larsson.

„Wo wollt ihr hin? Ihr sollt doch erst die Erbsen fertig auspahlen!"

„Wir müssen mal aufs Klo", sagte Gulla.

„Alle auf einmal?" Natürlich glaubte Fräulein Larsson kein Wort. Aber da Prediger Pettersson erwartet wurde, befand sie sich in einer ungewöhnlich guten Stimmung. Deswegen sagte sie nur: „Na ja, aber in zehn Minuten seid ihr wieder hier!"

Oben, im Zimmer der Mädchen, wurde es lebhaft. Alle suchten nach Ruths Spiegel, alle außer Ruth. Die stand mit verächtlicher Miene mitten im Zimmer.

„Den werdet ihr wohl kaum finden", sagte sie spitz.

Doch plötzlich rief Britta: „Da, schaut mal alle her! Hier liegt er, dein Spiegel, Ruttan! Unter deinem Bett. Aber er ist kaputt. Und das geschieht dir ganz recht. Warum hast du Katitzi so gemein verdächtigt!"

„Wie kommt denn der Spiegel unter mein Bett?" fragte Ruttan verlegen.

„Na, der wird wohl ganz allein dorthin spaziert sein und sich darunter gelegt haben, wie denn sonst wohl?" Gulla war spöttisch und wütend. Aber dann wurde sie ernst:

„Du bist einfach zu doof. Tatsache! Natürlich ist er hinter dein Bett gerutscht, als du aufgestanden bist. Kapierst du das nicht?"

„Weißt du, Ruttan, was du jetzt solltest? Eigentlich müßtest du das selber wissen."

„Was denn?" Ruth sah nun doch etwas verlegen aus.

„Geh zu Katitzi und entschuldige dich bei ihr. Das solltest du dir wirklich nicht erst sagen lassen."

„Sie braucht sich nicht bei mir zu entschuldigen", sagte Katitzi. „Ich knall ihr lieber eine!"

Aber da gellte auch schon Fräulein Larssons Stimme von unten: „Hallo, ihr Mädchen! Marsch, kommt herunter! Zehn Minuten habe ich euch freigegeben, und nun sind schon zwölf Minuten herum. Beeilt euch! Sonst könnt ihr Pastor Petterssons Predigt heute nachmittag nicht hören!"

„Wir machen wohl besser, daß wir hinunterkommen", sagte Gulla. „Sonst ist sie wieder sauer."

„Sag mal Katitzi, wann soll denn dieses Fest stattfinden, von dem du gestern gesprochen hast?"

„Wenn ich abreise."

„Bist du jetzt nicht mehr traurig, weil du fort mußt?" fragte Gulla.

„Nein, ich freu mich doch auf meine Geschwister. Fräulein Kvist hat mir erzählt, daß sie Sehnsucht nach mir haben. Meine große Schwester heißt Rosa", sagte Katitzi und sah ganz stolz aus.

Prediger Pettersson erzählt allerlei

Nach dem Essen gingen die Kinder hinauf, um sich zu waschen und ihre besten Sachen anzuziehen. Sie sollten richtig sonntäglich aussehen, obwohl es doch mitten in der Woche war. Die beiden Fräulein hatten eine lange Tafel im Garten aufgestellt und schön gedeckt. Schüsseln mit Kuchen und Keks standen darauf und große Saftkrüge, außerdem süße Brötchen.

Da kam schon Fräulein Larsson. Sie sah aus wie ein Mop, denn sie trug nicht, wie sonst, einen Knoten im Nacken, sondern hatte sich lauter kleine Löckchen gedreht. Die Kinder grinsten bei ihrem Anblick.

„Sieh dir bloß mal die Larsson an, Gulla! Die sieht ja vielleicht komisch aus!" sagte Britta.

„Diese Tanten sind zu albern!" fand Pelle. „Sich so auszustaffieren, bloß weil dieser Pettersson kommt!"

„Still, sie hört uns!" mahnte Katitzi. „Aber Fräulein Kvist sieht doch ganz süß aus. Die hat sich gar nicht zurechtgemacht. Sie hat das hübsche Kleid an, das sie am Mitsommerabend trug."

Man hörte ein Auto kommen. Fräulein Larsson reckte sich und stellte sich in Positur. Als der Wagen auf den Hof rollte, setzte sie ihr süßestes Lächeln auf.

„Willkommen! Herzlich willkommen, Herr Pastor!" sagte sie selig.

„Vielen Dank! Wie wunderhübsch Sie das alles hier gemacht haben! Sie haben wirklich das Talent, es kleinen Kindern schön zu machen, Fräulein Larsson."

Pelle knurrte: „Wieso sagt sie eigentlich ‚Herr Pastor' zu ihm? Ist das was Feineres als Prediger? Und warum sitzen wir hier herum? Und noch dazu in diesen blöden Sonntagssachen! Man fühlt sich ja wie im Gefängnis! Alle Jungens sehen unzufrieden aus. Und den Mund darf man auch nicht aufmachen, wenn man nicht gefragt wird! Als ob die Erwachsenen unsereinen was fragten! Die reden doch bloß unter sich!"

„Pst!" zischelte Leffe, der im gleichen Zimmer mit Pelle schlief. „Können wir nicht verduften?"

Aber da traf Leffe ein eisiger Blick von Fräulein Larsson, der ihn sofort zum Schweigen brachte.

„Hoppla!" rief Katitzi. „Ich hab Saft verschüttet! Wie dumm von von mir! Ich lauf' in die Küche und hole einen Lappen. Gleich ist der Tisch wieder blank."

„*Katitzi!* Du hast auch dein gutes Kleid vollgekleckert! Geh sofort hinauf und zieh dich um!" befahl Fräulein Larsson. Sie wandte sich zum Prediger um und sagte: „Sie können sich gar nicht vorstellen, Herr Pastor, welche Mühe man mit dem Kind hat. Ich glaube", fuhr sie leiser fort, damit die Umsitzenden sie nicht verstanden, „es liegt wohl doch an ihrer Herkunft, wenn sie sich so gar nicht benehmen kann."

„Wie meinen Sie das, Fräulein Larsson?"

„Tja, das Kind stammt aus einer Zigeunerfamilie. Deswegen macht sie uns vermutlich soviel Schwierigkeiten."

Nun mischte sich Fräulein Kvist ins Gespräch, denn jetzt waren sie bei dem Thema, über das sie mit Pastor Pettersson sprechen wollte.

„Tatsächlich, ist Katitzi Zigeunerin? Das ist doch interessant! Was sind Zigeuner eigentlich für Menschen, Herr Pastor? Haben Sie schon einmal mit ihnen zu tun gehabt? Sie sind doch so weit herumgekommen, da haben Sie vielleicht auch Zigeuner getroffen?"

„Natürlich. Zigeuner sind ja ständig unterwegs, genau wie ich."

„Sie haben also Zigeuner getroffen. Haben Sie sich auch mit ihnen unterhalten?" erkundigte sich Fräulein Kvist.

Fräulein Larsson verzog die Mundwinkel. Typisch diese Kvist! Immer mußte die sich in alles einmischen und die Besucher völlig mit Beschlag belegen. Man kam ja selber gar nicht mehr zum Zuge! Und das bei Pastor Pettersson!

„Ich erinnere mich noch gut an meine erste Begegnung mit Zigeunern", erzählte der gerade. „Es ist wohl mindestens dreißig Jahre her. Damals war ich ganz im Süden des Landes, in Schonen, frischgebackener Prediger. Ja, wenn ich daran denke, kommt's mir so vor, als wäre es gestern gewesen. Wir hatten ein Zelttreffen, und da kam eine ganze Zigeunergesellschaft zu uns, so an die dreißig Personen. Sie hatten gehört, daß wir auch Musik machen wollten. Sie sind nämlich fast alle sehr musikalisch."

„Aber kamen sie denn nicht, um Gottes Wort zu hören?" fragte Fräulein Larsson mißbilligend.

Pastor Pettersson dachte einen Augenblick nach und sagte dann: „Nein, liebes Fräulein Larsson, das glaube ich nicht. Es war sicherlich die Musik, die sie anzog."

Die Kinder am Tisch hörten aufmerksam zu. Pelle konnte sich nicht zurückhalten und fragte: „Was ist denn das, ‚musikalisch'?"

„*Pelle!* Wie oft soll ich dir denn noch sagen, daß ihr nicht reden sollt, ehe ihr gefragt werdet!" sagte Fräulein Larsson strenge.

„Aber natürlich dürfen die Kinder Fragen stellen", sagte der Prediger. „Heute machen wir mal eine Ausnahme. Oder haben Sie etwas dagegen, Fräulein Larsson?"

Da konnte Fräulein Larsson unmöglich ja sagen!

„Was hattest du doch gefragt? Ach ja, du wolltest wissen, was musikalisch ist. Das bedeutet, daß man sehr schnell lernt, verschiedene Instrumente zu spielen. Und das können die Zigeuner wirklich, wenn sie auch die Geige vorziehen. Ich habe noch nie einen Zigeuner getroffen, der nicht irgendein Instrument spielte."

„Können alle Musik machen?"

„Ja, ich glaube schon!"

„Und wie kommt das?" wollte Britta wissen. „Wir können es jedenfalls nicht."

„Es liegt ihnen wohl im Blut. Vererbung könnte man es vielleicht nennen."

„So etwas Blödes habe ich schon lange nicht mehr gehört", dachte Pelle. „Im Blut liegen!" Nein, diesem Pettersson konnte man wirklich nicht über den Weg trauen, wenn er auch Prediger oder Pastor oder sonst was war.

„Und wo wohnen diese Zigeuner?" fragte Ruth plötzlich.

„Überall, im ganzen Land. Sie ziehen mit Wagen und Zelten umher."

„Warum tun sie das denn?" Leffe fing an, sich für die Sache zu interessieren, denn er hatte nun mal eine Schwäche fürs Zeltleben. „Warum wohnen sie nicht in Häusern wie andere Leute?"

„Das wollen sie nicht. Sie lieben ihre Freiheit über alles und möchten lieber in der Welt herumziehen und alles kennenlernen. In Häusern fühlen sie sich vermutlich eingesperrt."

„Aber in den Zelten frieren sie doch im Winter?" fragte eins der Mädchen.

44

„Nein, keine Spur! Sie besitzen dicke Decken, die sie sich umhängen. Außerdem sind sie abgehärtet und haben sich besser an die Kälte gewöhnt als andere Menschen."

„Aber Katitzi friert doch immer, sogar im Sommer", sagte Britta. „Vielleicht ist sie keine echte Zigeunerin?"

Pastor Pettersson machte ein nachdenkliches Gesicht. Aber dann fiel ihm etwas ein: „Sie lebt ja nun schon so lange unter anderen Menschen, daß sie sich daran gewöhnt hat."

„Naja, jedenfalls ist sie keine von uns", sagte Fräulein Larsson verdrossen. „Aber nun sagen Sie uns bitte: wovon leben eigentlich die Zigeuner? Wie verdienen sie sich ihren Lebensunterhalt?"

„In erster Linie sind sie Musiker. Außerdem verstehen sie sich aufs Kupferschmieden und aufs Kesselflicken."

„Was ist denn das?" erkundigte sich Pelle.

„Hast du noch nichts davon gehört? Sie gehen herum und fragen die Leute in allen Häusern, ob sie vielleicht kaputte Kessel haben, solche Kessel wie ihr wohl in der Küche einen habt. Sie bessern die Kessel aus und putzen sie, dann sind sie hinterher wieder schön blank."

„Fräulein Larsson, ist schon einmal ein Zigeuner zu uns gekommen und hat einen Kessel repariert?"

„Nein, bisher noch nicht. In unserer Nachbarschaft wohnt ein alter Handwerker, der macht solche Arbeiten für uns."

„Haben sie denn keine anderen Berufe?" fragte Fräulein Kvist, die eine Weile schweigend zugehört hatte.

„Nicht, daß ich wüßte. Aber es ist auch sehr schwer für sie, andere Arbeit zu finden, weil sie nicht lesen und schreiben können. So müssen sie sich mit ihrer Musik und dem Kesselflicken begnügen."

„Was? Sie können nicht lesen und nicht schreiben?" fragte Ruth ganz entsetzt. „Gehen sie denn nicht zur Schule?"

„Sie wollen nicht, mein Kind", sagte der Pastor. „Sie halten das nicht für so wichtig. Sie sind eben große Naturkinder, verstehst du?"

Pelle dachte pausenlos über alles nach. Dies hier kam ihm wirklich zu dumm vor. Er konnte einfach nicht glauben, was der Pastor ihnen erzählte. Aber er selbst kannte ja keinen Zigeuner, also fragte er:

„Willst du auch nicht in die Schule gehen, Katitzi?"

„Klar will ich gehen! Bist du dumm? Alle Menschen wollen lesen lernen. Ich will alle Märchen selber lesen können."

„Haben Sie denn schon mal Zigeuner gefragt, ob sie in die Schule gehen möchten, Onkel Pastor?"

„Nein, mein Kind. So etwas kann man nicht fragen. Aber ich habe irgendwo gelesen, daß sie nichts von der Schule halten." Er lächelte die Kinder an und fuhr fort: „Aber eins muß ich noch dazu sagen: Zigeuner sind äußerst gastfreundliche, nette Menschen."

„Netter als andere?" fragte Pelle. „Wie kommt das?" Er war und blieb dem Pastor und seinen Erzählungen gegenüber äußerst mißtrauisch.

Fräulein Kvist sagte wenig dazu. Sie hatte das Gefühl, daß der Pastor gewiß nicht die richtige Instanz für Auskünfte über Zigeuner sei. Jedenfalls wirkte er nicht überzeugend. Deswegen hielt sie lieber den Mund.

Endlich stellte eins der Mädchen die Frage, die Fräulein Kvist brennend interessierte: „Onkel Pastor, woher kommen denn diese Zigeuner? Sind sie Schweden?"

„Na ja, so ganz genau weiß ich das auch nicht. Ich glaube, sie stammen aus Ungarn."

„Kannst du nicht mal ein bißchen in ihrer Sprache reden, Katitzi?" fragte Leffe.

„Ich kann sie doch gar nicht", sagte Katitzi abweisend.

„Wieso eigentlich nicht?" erkundigte sich Ruth.

„Das weiß ich auch nicht", sagte Katitzi. „Aber du kannst sie ja auch nicht sprechen!"

„Bin ich vielleicht Zigeuner?" fragte Ruth spitz.

Fräulein Larsson fand, daß genug über Zigeuner geredet wäre. „Ich glaube, ihr Kinder trollt euch nun mal ein bißchen und geht spielen", sagte sie.

„Aber wollte der Herr Pastor nicht noch eine kleine Andacht mit den Kindern halten?" fragte Fräulein Kvist erstaunt.

Pettersson blickte sich um und sagte: „Ich glaube, für heute reicht's, wenn wir alle zusammen das schöne Lied von Jesus und den Kindern singen."

Die Kinder stellten sich auf und sangen:

„Jesus liebt die Kinderlein,
Rote, braune, schwarze, weiße
Sollen alle sein Eigen sein,
Hat sie lieb auf gleiche Weise."

Kaum hatten sie das Lied beendet, da stürmten sie schon hinauf in ihre Zimmer, um sich wieder umzuziehen und um ihre Spielsachen zu holen. Einige wollten zum Bauernhof hinüberlaufen, wo eine Kuh kalben sollte. Sie hatten die Erlaubnis, sich das anzusehen, wenn sie keinen Lärm dabei machten.

Fräulein Larsson begleitete den Pastor zum Auto. Irgendwie war sie mit dem Verlauf des Nachmittags nicht recht zufrieden. Sie fand, daß Fräulein Kvist die Zeit des Pastors viel zu sehr in Anspruch genommen hätte. Viel zu viel. Es war nicht gut, daß die Kinder während der ganzen Zeit zugehört hatten.

„Nochmals herzlichen Dank für den schönen Nachmittag", sagte der Pfarrer. „Es war wirklich sehr anregend. Wie wißbegierig diese Kinder sind, einfach erstaunlich! Und Sie, Fräulein Kvist, ja, ich würde mich aufrichtig freuen, wenn Sie einmal zum Gottesdienst zu uns kämen. Sie sind alle beide herzlich willkommen!"

Fräulein Kvist lächelte und sagte: „Ja, es wäre schön, wenn ich einmal die Zeit dafür fände. Aber im Augenblick habe ich soviel zu tun."

„Nun dann, auf Wiedersehen! Und herzlich willkommen das nächste Mal!" sagte Fräulein Larsson.

Das Fest

Fräulein Kvist war früh aufgestanden, schon um fünf! Sie wollte doch rechtzeitig alles für das Fest fertig haben. Es war Katitzis Abschiedstag. Fräulein Kvist hatte mit Fräulein Larsson ausgemacht, daß die Kinder heute von der Hausarbeit befreit werden sollten.

Unten im Dorf wohnte eine Freundin von Fräulein Kvist, die ein Spielzeuggeschäft besaß. Dort hatte Fräulein Kvist für jedes Kind eine kleine Überraschung preiswert kaufen können. Außerdem hatte sie Obst besorgt, Äpfel und Apfelsinen. Die halbe Nacht war sie aufgeblieben und hatte die leckersten Bonbons gekocht, zwei verschiedene Sorten. Und nun stand sie in der Küche und wickelte die selbstgekochten Karamellen in lustig buntes Papier.

Dreißig Tüten waren es. In jede legte Fräulein Kvist einen Apfel, eine Apfelsine und sechs Bonbons, drei von jeder Sorte. Zwar waren von dem Nachmittag mit Petterson noch süße Brötchen und Keks übriggeblieben, aber der Sicherheit halber hatte Fräulein Kvist noch drei herrliche Erdbeertorten gebacken. Das würde wohl reichen.

Aber es gab noch mehr zu tun. Sie hängte vor die drei zusammengezimmerten kleinen Bänke ein weißes Laken. Das war der „Angelteich", aus dem die Kinder ihre kleinen Gaben fischen sollten. Fräulein Kvist hatte auch noch drei Angeln zurechtgebastelt.

Oben in Katitzis Zimmer fingen die Mädchen an, aufzuwachen. Es war inzwischen sieben Uhr geworden.

„Los, wacht auf!" rief Katitzi. „Heute reise ich fort."

Gulla rieb sich die Augen, gähnte verschlafen und sagte: „Erst warst du so traurig, weil du fort mußt, und jetzt siehst du richtig froh aus."

„Ach denkt nicht mehr daran. Heute feiern wir doch! Übrigens, Ruth, magst du mein blaues Kleid anziehen?"

„Dann bist du mir also nicht mehr böse, weil ich gesagt habe, daß du eine Zigeunerin und eine Diebin bist?"

„Keine Spur! Das vergessen wir. Fräulein Kvist sagt, daß man nichts nachtragen soll. Willst du nun mein Kleid oder nicht, Ruttan?"

„Du bist wirklich lieb, Katitzi! Und ob ich will! Gibst du mir auch deine blaue Haarschleife dazu?"

„Klar kannst du die haben! Wenn man sich fein machen will, dann aber auch richtig!"

„Da irrt sich Katitzi aber gewaltig, wenn sie etwa denkt, daß Ruttan im Grunde nett ist", dachte Gulla. „Sie ist noch immer die gleiche Hexe."

„Komm, Gulla, hilf mir, Ruth richtig fein zu machen. Kämm sie schon mal, ich hole inzwischen die Lackschuhe, die ich von meiner Zirkusmama habe."

Alle Mädchen halfen Ruth, sich fein zu machen.

Katitzi aber zog ihr rosa Kleid mit den Volants an. Nun sah sie fast so fein aus wie die Prinzessin auf dem Seil.

„Beeilt euch, Kinder, das Fest beginnt!" rief Fräulein Kvist. An diesem Tage brauchte sie nur einmal zu rufen. Die Kinder eilten hinunter in den Garten. Alle waren frisch gewaschen und fein angezogen, sogar die Jungens. Manche hatten sich so doll abgerubbelt, daß ihre Haut noch ganz rot aussah. Ihre Haare waren feucht vom Kämmen und lagen so glatt an, als hätte die Katze sie abgeleckt.

„Wie komisch du aussiehst, Pelle", sagte Katitzi. „Was hast du bloß gemacht?"

„Merkst du denn nicht, wie doll ich mich gewaschen habe? Du bist aber blöd! Sieh mal an, wie schick Ruttan heute ist! So sollte sie immer aussehen! Von wem hat sie denn das schöne Kleid?"

„Das habe ich ihr geliehen. Hör mal, Pelle, sei ein bißchen nett zu ihr, wenn ich fort bin, Fräulein Kvist hat mir erzählt, daß sie keinen Papa und keine Mama mehr hat und daß sie deswegen immer so eifersüchtig und neidisch ist."

„Auf Befehl kann ich nicht nett sein! Wenn sie sich anständig benimmt, wird sie auch anständig behandelt. So einfach ist das, verstehst du?"

„Wer etwas angeln möchte, muß hierher kommen!" rief Fräulein Kvist.

Die Kinder stürzten zum Angeln hinüber. Nacheinander durften sie eine Angel in die Hand nehmen und die Schnur über das gespannte Laken werfen. Dahinter stand Fräulein Kvist und half nach, daß jedesmal ein Gewinn heraufgezogen wurde.

Danach setzten sich alle an die lange, schön gedeckte Tafel und aßen

Erdbeertorte, süße Brötchen und Kekse. Dazu tranken sie massenhaft Saft.

Nun erschien auch Fräulein Larsson. Sie war genauso fein zurechtgemacht wie an dem Tag, als Pastor Pettersson zu Besuch kam. Sie wand sich ein wenig verlegen hin und her, und Pelle vermutete ganz richtig, daß sie eine Rede halten wollte. Er hatte sich nicht geirrt. Aber Fräulein Larsson wußte nicht so recht, wie sie anfangen sollte.

Nachdem sie noch ein bißchen herumgezappelt war, fing sie an: „Ja also, meine kleinen Freunde", sagte sie. „Heute soll Katitzilein nun heim zu den Ihren . . ."

„Hast du das gehört?" fragte Pelle seine Schwester. „Sie hat tatsächlich ‚Katitzilein' gesagt! Was wird wohl nun noch kommen?"

„Also, wie gesagt, Katitzilein reist heute heim, und ich muß sagen, daß es uns hier ohne sie sehr leer vorkommen wird." . . .

„Das ist ja noch schöner!" flüsterte Pelle. „Wie eklig ist sie immer zu Katitzi gewesen!"

„Sagtest du etwas, Pelle?" fragte Fräulein Larsson.

„Ach, ich hab' Lasse nur gefragt, ob er auch gern baden möchte. Es ist heute so schön warm."

„Jetzt denken wir nicht ans Baden, sondern an Katitzi. Also, wie gesagt, manchmal war es ein bißchen anstrengend mit ihr, weil Katitzi ja nicht gerade die Pünktlichste von euch war. Aber im großen und ganzen war sie doch nett und immer hilfsbereit."

„Die hat einen Sonnenstich!" dachte Pelle.

Aber wer tauchte denn da auf? Das war ja Pastor Pettersson. Fräulein Larsson kam ganz durcheinander. Ihre Backen glühten.

„Ich möchte wirklich wissen, warum sie immer so rot wird", dachte Pelle. „Vielleicht, weil alles, was sie sagt, ein einziger Schwindel ist."

„Guten Tag, alle miteinander!" sagte Pastor Pettersson. „Wie schön ihr's mal wieder habt! Fräulein Larsson versteht sich wirklich darauf, ihren Kindern Freude zu bereiten!"

Fräulein Larsson errötete noch tiefer. Nun glich sie richtig einer Tomate.

„Das war nicht Fräulein Larsson", berichtigte Gulla. „Fräulein Kvist hat alles so schön gemacht. Sie hat auch die Erdbeertorten gegebacken."

„Aha, sieh mal an! Na, die Hauptsache ist doch, daß ihr's so gut habt. Ich bin eigentlich hierher gekommen, um Katitzilein ein Abschiedsgeschenk zu bringen."

„Meine Güte, was machen die bloß alle für ein Theater um Katitzi!" dachte Pelle.

„Oh, wie reizend!" sagte Fräulein Larsson. „Daß Sie an Katitzilein gedacht haben!"

„Wenn die noch einmal ‚Katitzilein' sagt, schreie ich laut los!" sagte Pelle.

„Möchtest du etwas, Pelle?" fragte Fräulein Larsson.

„Oh nein", sagte Pelle. „Ich rede nie, bevor ich gefragt werde."

„Ja, also, Katitzilein. Diese Gabe mußt du hoch in Ehren halten. Das ist nämlich eine Bibel, und die wird dich in allen Lebenslagen trösten. Ich fürchte, du wirst in deinem Leben noch viel Trost nötig haben."

„Bedank dich schön, Katitzi", ermahnte sie Fräulein Larsson.

„Ganz herzlichen Dank", sagte Katitzi. „Was steht denn da drin?"

„Wenn du erst mal lesen lernst, wirst du alles begreifen, was in der Bibel steht, von Gott und von Jesus. Und dann sagt dieses Buch immer wieder, daß die Menschen gut zueinander sein sollen. Die Zehn Gebote kennst du wohl schon, Katitzi?"

„Nein, die kenne ich nicht. Kennst du sie denn?"

„Aber ja, gewiß! Das sind die zehn Regeln, die wir nach Gottes Willen befolgen sollen. Sonst wird er sehr traurig über uns Menschen. Wenn du lesen lernst, wirst du sie auswendig lernen. So hoffe ich!"

„Ja, ich tue das! Wenn sie gut sind", sagte Katitzi, „deine Gebote."

„Aber hör mal, wie kannst du zu einem Herrn wie Pastor Pettersson einfach ‚du' sagen!" rief Fräulein Larsson erschrocken.

„Sieh mal an, jetzt heißt es plötzlich nicht mehr ‚Katitzilein hier und Katitzilein da'", stellte Pelle nüchtern fest.

Da brummte ein Auto heran. Katitzis Papa fuhr durch das Tor. Alle Kinder stürzten zu dem klobigen roten Autochen.

„Fährst du jetzt ab?" fragte Gulla.

„Ich glaube ja. Dir kommt's wohl noch nicht so vor?"

Fräulein Kvist war inzwischen hinaufgegangen, um Katitzis kleinen Koffer zu holen, der schon gepackt bereit stand. Die große Puppe, die

Katitzi damals mitbrachte, als sie von den Zirkusleuten kam, lag schön in einem Karton verpackt. Solange sie im Kinderheim war, hatte Katitzi nicht mit dieser Puppe spielen dürfen. Fräulein Larsson hatte es verboten. Sie meinte, die sei zu schade und ginge doch nur kaputt, weil sich alle darum zanken würden und sie einmal nehmen wollten.

„Warte einen Augenblick, Katitzi", sagte Ruth. „Ich lauf schnell rauf und zieh mich um."

„Ach, laß doch! Behalte das Kleid! Ich hab noch andere, die ebenso fein sind!"

„Bist du bei Trost? Dieses schöne Kleid willst du einfach verschenken? Das ist doch nicht dein Ernst?"

„Aber klar! Behalt es! Denk an mich und trage es so lange, bis es kaputtgeht."

„Mein Gott! Du bist wirklich das netteste Mädchen von der Welt", sagte Ruth.

„Mißbrauche den Namen des Herrn nicht!" warnte sie Fräulein Larsson.

„Entschuldigung, aber ich freu' mich ja so!" rief Ruth und warf sich in Katitzis Arme.

Fräulein Kvist sagte nichts, aber sie freute sich sehr darüber, daß Katitzi so nett zu Ruth war. Doch als sie dann wieder an den Abschied dachte, wurde sie sehr traurig.

Da stieg Katitzis Papa aus dem Auto. Er sah gar nicht mehr so riesengroß aus. Wie war das möglich?

„Ich finde, Katitzis Papa hat sich ganz verändert", sagte Gulla. „Man erkennt ihn ja überhaupt nicht wieder."

„Hast du keine Augen im Kopfe? Er hat sich den Bart abrasiert!"

„Ja, tatsächlich! Deswegen wirkt er kleiner."

„Du bist ja blöd! Vom Rasieren ist noch kein Mensch kleiner geworden", sagte Pelle.

„Mir gefällt er so besser", sagte Gulla.

„Na, Katitzi", sagte der Papa. „Bist du fertig? Wir müssen heim."

„Gleich, Papa. Ich muß mich nur von allen verabschieden."

Fräulein Kvist nahm Katitzi fest in ihre Arme und streichelte sie.

„Möge es dir wohl ergehen im Leben, mein Kind!" sagte Fräulein Larsson.

„Na, das ist der alten Salatschnecke doch ganz egal", dachte Pelle.
„Die ist froh, daß Katitzi nicht mehr wiederkommt."

„Tschüß, alle miteinander", rief Katitzi. „Lebt wohl! Vielleicht
sehen wir uns einmal wieder!" Sie versuchte, ein fröhliches Gesicht zu
machen, aber die Tränen saßen schon ziemlich locker.

Der Koffer wurde in den Kofferraum gestopft, und Katitzi mußte
sich auf den hinteren Sitz setzen.

Katitzis Papa stieg ein und machte die Handbremse los. Da trat
Prediger Pettersson noch einmal vor und schlug vor, daß die Kinder
noch ein Lied für Katitzi singen sollten.

Während die Kinder standen und sangen, rollte das Auto langsam
davon. Katitzis Papa sah ein wenig traurig aus. Warum wohl? Niemand wußte es. Katitzi drehte sich um und winkte. Das Letzte, was
sie von den Kindern sah, war Ruth, die stand und sang, während ihr
die Tränen nur so über die Backen kullerten.

So verließ Katitzi das Kinderheim und begann ihre Heimreise.

Katitzi kommt heim

Katitzi glaubte fest, daß die Reise nie enden würde. Sie fuhren und fuhren. Schließlich konnte sie sich nicht mehr beherrschen, sondern fragte:

„Sind wir bald zu Hause, Papa?"

„Ja, es sind nur noch ein paar Meilen."

Katitzi überlegte, warum ihr Papa wohl so schweigsam war. Auf dem ganzen Wege hatte er noch kein einziges Wort gesagt. Vielleicht machte es ihm keinen Spaß, sie nach Haus zu holen?

„Hast du's gut im Kinderheim gehabt?" fragte er plötzlich.

„Oh ja. Alle waren nett zu mir. Aber am nettesten war Fräulein Kvist."

„Hast du niemals Heimweh gehabt?"

„Doch, manchmal, nach den Zirkusleuten. Aber zu denen durfte ich ja nicht mehr zurück. Sag mal, Papa, hab ich viele Geschwister?"

„Du hast vier Schwestern und zwei Brüder."

„Wo wohnen wir eigentlich, und warum haben wir keine Waschküche?"

„Was sagst du da, Waschküche? Was meinst du damit?"

„Na ja, Fräulein Kvist hat mir erzählt, daß meine Schwester sich einen Wäschetopf ausleihen mußte, weil wir keine Waschküche haben. Stimmt das, Papa?"

„Eine Waschküche haben wir allerdings nicht, das ist wahr. Wir wohnen nämlich nicht in einem richtigen Haus, sondern in Zelten und im Wagen. Da wäre es ein bißchen umständlich, wenn man eine richtige Waschküche immer mitschleppen wollte."

„Warum wohnen wir nicht in einem richtigen Haus, Papa? Warum wohnen wir in Zelten und im Wagen? Sind wir denn arm?"

„Nein, arm sind wir wohl nicht. Aber du mußt verstehen — vielleicht bist du dazu noch ein bißchen zu klein —, daß wir nicht in einem Haus wohnen dürfen. Die Leute wollen das nicht."

„Warum denn nicht? Kannst du dich nicht mit ihnen vertragen?"

„Nun hör mal richtig zu, Katitzi, und versuche, das zu verstehen, was ich dir jetzt sage! Wir sind Zigeuner."

„Was? Sagst du jetzt auch, daß wir Zigeuner sind? Das muß etwas

Schlimmes sein. Das weiß ich. Ruth hat mich nämlich im Kinderheim deswegen verspottet und gesagt, daß wir ein Tingel-Tangel haben."

„Es ist nichts Schlimmes, Zigeuner zu sein, Katitzi. Aber die Leute fürchten sich vor uns und halten uns für böse Menschen. Sie kennen uns nicht und trauen sich nicht in unsere Nähe."

„Aber Papa, das ist doch wirklich blöde. Wenn sie uns nicht kennen, können sie doch auch keine Angst vor uns haben."

„Das sollte man meinen. Aber leider ist es nun mal so."

„Wo kommen die Zigeuner her, Papa?"

„Ursprünglich, das ist vielleicht tausend Jahre her, haben sie in Indien gewohnt."

„Und warum sind sie jetzt hier? Stammst du auch aus Indien, Papa?"

„Nein, ich nicht. Und warum die Zigeuner nach Schweden gekommen sind, weiß ich auch nicht. Sie haben wohl gedacht, daß sie es hier besser haben würden als anderswo."

„Werde ich nun auch Zigeunerin genannt, Papa?"

„Ja, natürlich. Obwohl wir selber uns nicht als ‚Zigeuner' bezeichnen. Den Namen haben andere für uns erfunden. Wir nennen uns ‚Rom', und das bedeutet ‚Mensch'."

„Das klingt komisch, Rom. Was ist denn das für eine Sprache?"

„Unsere eigene Sprache. Die heißt Romanes und wird von allen Zigeunern in der ganzen Welt gesprochen. Sieh mal! Da drüben, das ist unser Lager. Dort am Waldrand."

Katitzi schaute und schaute. Da standen viele Zelte, und die sahen bunt aus.

In der Mitte aber stand ein großes Faß mit einem Rohr, aus dem es rauchte.

„Wohnen wir dort, Papa?"

„Ja, da wohnen wir zur Zeit. Was du da siehst, ist unser Tivoli. Und das große Mädchen dort drüben, das ist deine Schwester. Die mußt du fragen, wenn du etwas wissen willst. Sie weiß beinahe alles."

„Hab' ich denn keine Mama?"

„Deine Mama starb, als du noch ganz klein warst. Aber nun hast du eine andere Mama. Aber halt dich ein bißchen fern von ihr, so weit wie möglich! Sie ist kränklich und außerdem nicht gerade eine

Kinderfreundin. Und erinnere dich immer daran, daß du ihr schön gehorchst, Katitzi, auch wenn du manchmal nicht mit dem einverstanden bist, was sie will."

Katitzi zog ein nachdenkliches Gesicht, sagte aber nichts. Sie überlegte, warum ihre neue Mama wohl etwas von ihr wollte, was ihr nicht gefiel, und wieso ihr Papa das so offen zugab. Aber gleich darauf hatte sie alles vergessen, denn nun stürzten eine ganze Menge Kinder auf sie zu.

„Hei, Papa! Hast du Katitzi mitgebracht? Wie schick sie ist", sagte ein Mädchen, das einen langen roten Rock trug.

„Wer ist denn das?" fragte Katitzi.

„Ich bin doch Paulina! Kennst du mich nicht mehr?"

„Das ist eigentlich nicht besonders merkwürdig", sagte der Papa. „Sie war ja noch ganz winzig, als wir sie fortgaben. Aber du bist immerhin drei Jahre älter, und deswegen erinnerst du dich noch an Katitzi. Übrigens darfst du dich jetzt ein bißchen um sie kümmern. Ich glaube, sie muß sich erst einmal umziehen."

Da kam eine grauhaarige Frau zu ihnen herüber. Sie war sehr groß, ging gerade wie ein Stock und sah sehr unfreundlich aus.

„Ach so", sagte die Frau. „Mach schnell und zieh dich um. Du, Lena, suchst ein paar Sachen für sie heraus. Nimm welche von Rosas abgelegten."

„Nein", sagte Katitzi. „Ich will nicht anderer Leute Kleider anziehen. Ich will meine eigenen tragen."

„Jetzt hör' mal zu und gehorche! Hier bestimme ich", sagte die Frau. Paulina griff hastig nach Katitzis Hand und lief mit ihr davon.

„Katitzi, du mußt tun, was sie sagt! Du darfst niemals widersprechen. Sonst wird sie schrecklich böse. Und dann mußt du ‚Mama‘ zu ihr sagen.

„War die etwa meine neue Mama? Die sah aber böse aus! Nie werd' ich zu der ‚Mama‘ sagen. Das weiß ich jetzt schon!"

„Aber versprich mir, daß du nicht frech zu ihr bist. Dann gibt's nämlich schrecklichen Ärger. Komm, ich zeige dir, wo du wohnen sollst! Du und ich, wir schlafen hier in diesem kleinen Zelt. Den ganzen Sommer. Aber im Herbst müssen wir zu den anderen in das große Zelt ziehen."

„Rosa! Rosa! Wo steckst du denn? Du mußt mir helfen, ein paar Sachen zu finden, die Katitzi passen!"

„Ja, wir müssen etwas anprobieren. Wie schön, daß du wieder bei uns bist, Katitzi!" sagte Rosa. „Was soll ich dir bloß zum Anziehen geben? Ich bin doch viel größer als du. Na, irgend etwas werden wir wohl finden!"

Rosa wühlte in einem Bündel und zog ein Kleid nach dem anderen heraus. Aber alle waren Katitzi viel zu groß.

„Komm, laß uns dies hier nehmen! Das ist das kleinste. Wenn du dir einen Gürtel von Paul umschnallst, geht es vielleicht so einigermaßen."

Gerade in diesem Augenblick kam ein Junge über den Platz. Fünfzehn Jahre war er alt. Es war Katitzis Bruder Paul.

„Sieh da! Endlich ist Katitzi wieder daheim. Ja, es ist schön, daß wir Geschwister wieder alle zusammen sind. Vergiß nicht, den Tanzboden gut zu harzen, Rosa! Gestern abend war er miserabel. Tschüß so lange! Ich muß gehen und noch ein bißchen üben!"

„Was ist denn das, ‚hatzen', Paulina?"

„Es heißt nicht ‚hatzen', sondern ‚harzen'. Man schmiert Harz auf den Tanzboden, und hinterher muß man kräftig bohnern. Dann wird er schön glatt, und die Leute können besser tanzen. Wir können Rosa ja helfen, dann siehst du gleich, wie's gemacht wird."

Katitzi hatte inzwischen angezogen, was Rosa herausgelegt hatte, und erkannte sich selber kaum wieder. Ihr langes Kleid schleifte über den Boden, um die Taille hatte Rosa ihr Pauls Gürtel gebunden, damit sie den Rock ein bißchen raffen konnte und nicht andauernd stolperte.

„Und was für Schuhe soll ich anziehen?" fragte sie.

„Im Sommer überhaupt keine. Das ist viel besser für die Füße", erklärte Paulina.

„Aber ich kann doch nicht immerzu ohne Schuhe herumlaufen", wandte Katitzi ein. „Wenn es kalt wird!" Sie machte ein erstauntes Gesicht und wunderte sich wirklich über die Gebräuche in ihrer Familie.

„Du bist aber komisch! Natürlich kriegst du Schuhe, wenn es Winter wird. Unser Papa macht sie selber. Aber sag mal, was hast du eigentlich in diesem Päckchen?"

„Da, sieh dir mal meine feine Puppe an! Die Zirkusleute haben sie mir zum Geburtstag geschenkt. Sie kann sogar die Augen zumachen und ‚Mama‘ sagen!"

„Schnell, versteck sie! Die Tante kommt!" sagte Paulina und sah richtig ängstlich aus.

„Na, was hast du denn da hinter deinem Rücken?" fragte Katitzis neue Mama. „Her damit!"

„Aber das ist doch meine Puppe!"

„Gib sie her! Die ist viel zu fein für's Lager! Hier kannst du nicht damit spielen. Ich leg sie erst mal beiseite."

Sie nahm die Puppe und marschierte mit energischen Schritten fort. Katitzi war dem Weinen nahe.

„Warum hat sie mir meine Puppe weggenommen? Niemals darf ich damit spielen! Erst hat Fräulein Larsson sie weggelegt, und nun nimmt sie die Frau fort."

„Ach, Katitzi, sei nicht traurig! Morgen mache ich dir eine Puppe, die dir keiner fortnimmt. Das verspreche ich dir. Und dann spielen wir zusammen im Wald. Ich bin so froh, daß du wieder bei uns bist. Ich hab' mich wirklich so einsam gefühlt. Rosa ist zum Spielen schon zu groß und hat auch keine Zeit. Sie muß immerzu arbeiten."

„Aber spielst du denn nicht mit den Kleinen?"

„Manchmal schon. Aber sie sind ja noch so winzig. Außerdem hat es die Tante nicht so gern."

„Sind das denn ihre Kinder? Ich dachte, sie wären unsere Geschwister!"

„Als unser Papa sich mit ihr verheiratet hat, haben sie die Kleinen bekommen. Sie heißen Nila, Rosita und Lennart. Sie sind unsere Halbgeschwister."

„Wie albern, Halbgeschwister! Entweder sind sie unsere Geschwister, oder sie sind es nicht. Halb kann kein Mensch sein."

Paulina, die auch Lena genannt wurde, wußte nicht, was sie darauf antworten sollte. So sagte sie nur: „Das begreifst du erst, wenn du älter wirst."

„Warum raucht es aus dem Faß, Paulina?"

„Sag nicht immer Paulina zu mir, nenne mich Lena. Das ist nicht so feierlich. Aber ‚Kalle‘ darfst du nicht zu mir sagen, sonst werde ich böse und weiß vor Wut nicht mehr, was ich tue."

„Warum sollte ich denn wohl ‚Kalle‘ zu dir sagen! Bist du dumm? Schließlich bist du doch ein Mädchen."

„Die Tante sagt ‚Kalle‘, sie behauptet, ich wäre wie ein Junge. Deswegen hat sie mir die Haare abgeschnitten."

„Meine Güte! Ist die denn bescheuert? Hoffentlich macht sie's mit mir nicht genauso! Dann sag' ich's aber meinem Papa!"

„Hab' keine Angst! Dir schneidet sie die Haare nicht ab, weil du doch Tänzerin werden sollst. Dazu braucht man lange Haare."

„Was sagst du da? Was soll ich werden?"

„Tänzerin! Du hörst es doch!"

„Na ja, gehört hab' ich's natürlich. Aber ich kann doch gar nicht tanzen!"

„Du wirst es schon lernen. Versteh' doch endlich! Hier im Lager müssen alle mithelfen, daß wir Geld verdienen. Hörst du, wie fleißig Paul auf der Ziehharmonika übt? Das muß er! Und Rosa spielt Zimbal, obwohl sie lieber eine Geige hätte. Aber das geht nicht, denn unser Papa spielt Geige."

„Ich verstehe überhaupt nichts mehr: Zimbal, Ziehharmonika, Geige! Und ich soll tanzen. Wozu eigentlich das Ganze?"

„Verstehst du es denn immer noch nicht? Wir haben ein Tivoli, und da müssen wir alle arbeiten. Papa, Rosa und Paul machen Musik. Wenn die Leute tanzen, brauchen sie eine Kapelle."

„Und was tust du, Lena? Vielleicht hast du schon tanzen gelernt und bist Tänzerin?"

„Nein, Papa sagt, daß ich dafür nicht begabt bin. Deswegen stehe ich in der Nummernbude."

„Und was ist das? Erklär's mir bitte! Oder findest du mich zu blöde? Ich verstehe das alles wirklich nicht!"

„Sieh mal, dort auf dem Tisch liegen lauter Täfelchen. Unter manchen steht eine Nummer. Wenn die Leute auf ein Täfelchen mit einer Nummer drunter zeigen, gewinnen sie etwas."

„Tust du das auch?" fragte Katitzi und fand alles sehr spannend.

„Nein, natürlich nicht. Das machen die Besucher, denn es kostet Geld. Jedes Mal, wenn sie ihr Glück versuchen, müssen sie 25 Öre bezahlen. Wir haben auch noch andere Stände, eine Schießbude zum Beispiel. Da steht ein Onkel, den Papa kennt. Das ist ein Gajo."

„Was heißt denn das nun wieder?"

„Ach so, du hast natürlich dein Romanes vergessen. ‚Gajo' bedeutet, daß er kein ‚Rom' ist. Die anderen Menschen nennen uns ja ‚Zigeuner' und nicht ‚Rom'."

„Langsam fange ich an, alles zu verstehen. Es dauert zwar ein bißchen, aber es kommt. Was haben wir denn noch in unserem Tivoli, Lena?"

„Spielautomaten, eine Wurfbude und einen Stand mit ‚Haut den Lukas!' Und dann ist da natürlich noch das Karussell."

„Was? Ein Karussell haben wir auch? Warum hast du mir das nicht gleich gesagt? Karussellfahren ist das Beste, was es gibt. Du darfst doch auch fahren?"

„Na ja, manchmal schon, wenn ich Zeit habe. Ich mag's auch schrecklich gern. Aber meistens müssen wir arbeiten. Da können wir nicht den ganzen Tag auf dem Karussell sitzen. Wer soll sich denn dann um meine Kunden kümmern?"

„Ich fahre jedenfalls Karussell, Lena! Darauf kannst du dich verlassen!"

„Vielleicht erlauben sie dir's heute abend, weil du ja den ersten Tag hier bist. Da brauchst du noch nicht zu helfen."

„Ich darf aber noch nicht so lange aufbleiben, Lena. Um sieben muß ich im Bett liegen!"

„Wer sagt denn das? Du bist nicht mehr bei den Zirkusleuten und erst recht nicht mehr im Kinderheim, Katitzi! Hier bestimmen Papa und die Tante alles. Wir Kinder müssen gehorchen. Aber eins kann ich dir sagen: manchmal haben wir einen Mordsspaß miteinander, und unsere Rosa ist immer nett, niemals gemein. Die schlägt uns nicht. Vor ihr brauchst du dich nicht zu fürchten. Aber komm jetzt, wir müssen essen! Hinterher ziehen wir uns um. Das Tivoli wird um sieben aufgemacht. Dann muß alles in Ordnung und der Platz gefegt sein!"

„Müssen wir ihn richtig fegen?"

„Ja, das müssen wir. Natürlich haben wir mehrere riesengroße Besen. Alle helfen dabei."

„Auch die Tante?" erkundigte sich Katitzi.

„Nein, die nicht", gab Lena zu. „Sie ist ein bißchen schwächlich, das behauptet sie wenigstens. Deswegen tut sie eigentlich gar nichts."

„Aber sie versorgt doch ihre Kinder?"

„Ach, das überläßt sie Rosa. Aber komm, jetzt müssen wir essen."

Hand in Hand machten sich die Kinder auf den Weg. Katitzi machte ein fröhliches Gesicht. Zwar sah es aus, als könnte sie jeden Augenblick über ihr langes Kleid stolpern, aber sie bemühte sich, so würdevoll wie möglich zu schreiten, denn sie wollte nicht gern hinfallen und sich von Lena auslachen lassen.

In einem großen Zelt lag auf dem Fußboden alles bereit. Rosa hatte ein großes Wachstuch ausgebreitet. Darauf stand ein riesiger, dampfender Topf.

Katitzis Papa gab allen Suppe auf. Katitzi und Lena bekamen eine Schüssel, aus der sie gemeinsam essen sollten. Katitzi rümpfte die Nase, aber Lena warf ihr einen warnenden Blick zu.

„Na, die machen hier wirklich alles ganz anders", dachte Katitzi. „Aber ich werde mich sicher daran gewöhnen."

Abend im Tivoli

Inzwischen war es sechs Uhr geworden, und im Tivoli waren alle eifrig beschäftigt, denn um sieben Uhr sollte aufgemacht werden, und da mußte alles in Ordnung sein. Alle waren fleißig, außer der Tante. Die hatte Migräne und legte sich hin. Katitzi und Lena fegten den Platz mit zwei großen Reisigbesen ab.

„Morgen macht es mehr Spaß", erklärte Lena.

„Wieso denn? Ich finde das Fegen blöde. Macht's dir etwa Spaß?"

„Nein, jetzt natürlich nicht. Aber morgen, weißt du ..."

„Was ist denn morgen los?" Katitzi sah ihre Schwester ungläubig an.

„Da finden wir eine Masse Geld, falls uns der Schießbudenonkel nicht zuvorkommt."

„Was für Geld denn?"

„Ach, die Leute verlieren immer Kleingeld. Wir dürfen behalten, was wir finden. Papa hat es erlaubt. Nur Scheine müssen wir abliefern. Die bringt er zur Polizei."

„Dürfen die Polizisten das Geld behalten?"

„Natürlich nicht. Aber die Leute, die Geldscheine verlieren, gehen zur Polizei und melden es. Deswegen bringt Papa es zur Wache, und da können sich die Leute ihr Geld abholen. Manchmal kriegen wir auch Finderlohn, wenn es viel ist. Einmal hab' ich einen Fünfzig-Kronen-Schein gefunden, und dafür haben sie mir fünf Kronen gegeben. Hör mal, jetzt stelle ich das Karussell an!"

„Es ist noch gar nicht soweit. Wir machen erst um sieben auf."

„Es muß geprüft werden, ob es auch in Ordnung ist. Das tun wir jeden Abend, ehe wir öffnen. Sieh mal, da kommt Papa! Ich frage ihn, ob du mal fahren darfst. ... Papa, darf Katitzi Karussell fahren?"

„Laß sie doch selber fragen! Oder möchtest du vielleicht selber gern fahren? Ja, von mir aus! Rauf mit euch und dreht ein paar Runden! Aber dann müßt ihr euch umziehen. Heute ist Sonnabend, und da kommen gewiß viele Leute. Vergiß nicht, Lena, Katitzi alles zu erklären."

Die Schwestern flitzten hinüber zum Karussell. Sie hatten es so eilig, daß sie die Besen einfach wegwarfen. Aber dann besann sich

Lena, lief zurück und stellte die Besen schön ordentlich hinter ein Zelt. Sie fand es doch besser, wenn sie der jüngeren Schwester ein gutes Beispiel gab. Dann lernte Katitzi gleich, wie sie sich zu verhalten hatte.

Katitzi hatte sich auf das hübscheste Pferdchen gesetzt. Es war silbern und trug eine schwarze Mähne, an der sie sich gut festhalten konnte. Lena setzte sich auf die Giraffe und klammerte sich an deren langen Hals. Dann ging es los. Aus einer Spieluhr im Karussell erklang Musik, ‚La Paloma‘. Es sah richtig lustig aus, wie die beiden Mädchen allein auf dem Karussell herumfuhren. Der Mann, der es bediente, ließ es mehrere Male kreisen, ehe er es wieder anhielt. Katitzi genoß das sehr. Sie fühlte sich wie eine Prinzessin, die zu ihrem Prinzen ritt. Aber rums. Da stand das Karussell wieder. Die Mädchen stiegen ab.

„Was machen wir jetzt, Lena?" fragte Katitzi. „War das herrlich! Können wir nicht noch ein bißchen fahren?"

„Du bist wohl dumm! Wir können froh sein, daß wir es überhaupt durften. Vielleicht erlauben sie's uns ein anderes Mal, wenn wir schön fleißig waren. Nein, jetzt ziehen wir uns um!"

„Aber was sollen wir denn anziehen?"

„Unsere ‚romané sali‘ ", sagte Lena.

„Was ist denn das?" fragte Katitzi. Immerzu mußte sie Lena die gleiche Frage stellen, weil sie so vieles nicht begriff.

„Das ist unsere Zigeunertracht", erklärte Lena. „Komm, ich hab' noch ein paar Sachen übrig, die kannst du haben."

Sie gingen ins Zelt, wo Rosa schon fertig angezogen saß und sich kämmte. Hinter das eine Ohr hatte sie eine gelbe Papierrose gesteckt. Katitzi blieb stehen und konnte es nicht fassen: war das noch die selbe Rosa, die sie vorhin auf dem Platz gesehen hatte? Nein, das war nicht möglich! Diese hier sah ja aus wie eine Märchenprinzessin! Tatsache! Sie trug den schönsten Rock, den man sich vorstellen kann, lang und rot, mit vielen Volants. Dazu hatte sie eine gelbe Bluse mit Stickerei angezogen, die wie reines Silber glänzte. Aber das konnte doch kein richtiges Silber sein!

„Setz dich hin, Katitzi, damit ich dich kämmen kann", sagte Rosa. „Damit fangen wir erst mal an."

Katitzi blickte ihre Schwester Rosa wortlos an. Dann sagte sie: „Du bist aber schön!"

„Das wirst du auch noch, Katitzi", lachte Rosa. „Wenn wir erst mal deine Zotteln ausgekämmt und dir was Feines angezogen haben."

Als Rosa Katitzi entließ, erkannte man sie kaum wieder. Rosa hatte Katitzis Haare geflochten und zwei große Rosen hineingesteckt. Dazu trug Katitzi nun die feinste Zigeunertracht: einen gelben Rock und ein weißes Blüschen mit einer kleinen, roten Weste.

„Nun dreh dich mal um!" sagte Rosa. Katitzi wirbelte herum, und ihr Rock breitete sich wie ein Fächer aus. Sie fühlte sich plötzlich sehr fein.

„Na, wie gefällst du dir jetzt?" erkundigte sich Rosa.

„So fein war ich noch nie!" sagte Katitzi. Aber Lena war ebenso schön. Es war nur zu schade, daß sie so kurzes Haar hatte. Darüber war sie selber betrübt. Da kam der Papa.

„Hört mal, ihr beiden, hier sind eure Einschlagetücher. Die habt ihr vor Jahren von einer sehr lieben Frau geschenkt bekommen. Eigentlich solltet ihr sie jetzt noch nicht tragen, aber weil Katitzi heute den ersten Abend wieder bei uns ist, finde ich, daß ihr etwas Besonderes haben solltet."

Die Tücher waren aus reinster Seide und wunderbar reich bestickt. Die Mädchen warfen sie über die Schultern und sahen nun wirklich aus wie kleine Damen.

„Heute abend hilfst du Lena in der Nummernbude, Katitzi. Später finden wir etwas anderes für dich", sagte der Papa.

„Bist du fertig, Rosa?" fragte Paul. „Es ist schon ziemlich spät. Wir müssen anfangen zu spielen, sonst werden die Leute ungeduldig."

Die beiden gingen mit Papa Taikon zum Tanzboden. Bald hörte man die Musik über den ganzen Platz klingen. Die Besucher strömten zum Tivoli.

„Ist dies hier die Nummernbude, wo man etwas gewinnen kann?" fragte ein Mann.

„Ja", sagte Lena. „Möchten Sie's versuchen? Es kostet fünfundzwanzig Öre."

66

„Vielleicht möchtest du das Geld im voraus haben, kleines Fräulein?"

„Ja, aber das ist nicht so wichtig. Die Hauptsache ist, daß bezahlt wird."

„Kannst du mir garantieren, daß ich gewinne?"

„Natürlich kann sie das nicht", sagte Katitzi und fand den Onkel ein bißchen töricht.

„Ach so, das kann sie nicht? Wer bist du denn, kleines Fräulein? Dich hab' ich noch nie gesehen. Wie heißt du?"

„Ich heiße Katitzi. Sie können mich auch noch nicht gesehen haben. Ich bin nämlich heute erst heimgekommen."

„Ich geb' dir fünfundzwanzig Öre, wenn du mir den ‚Schwarzen Zigeuner' vorsingst", sagte der Onkel.

Katitzi sah Lena an, die schnell sagte: „Katitzi kennt das Lied noch nicht. Aber ich singe es Ihnen gern vor."

„Naja, dieses Mal, von mir aus. Aber wenn ich wiederkomme, will ich's von deiner Schwester hören!"

Lena sang das Lied vom ‚Schwarzen Zigeuner', bis der Onkel zufrieden war. Dann versuchte er's mit den Nummern und gewann zweimal, ein Sahnekännchen und eine Schüssel.

„Wie lange müssen wir noch hier herumstehen?" fragte Katitzi, die daran gewöhnt war, früh ins Bett zu gehen. Sie war müde geworden und gähnte.

„Nimm dich zusammen!" sagte Lena. „Steh nicht herum und gähne! Bis zwölf müssen wir schon hier bleiben. Aber von mir aus kannst du ruhig mal zum Tanzboden laufen und zusehen, wie die Leute tanzen."

Katitzi lief hinüber. Doch sie wurde immer wieder von Besuchern aufgehalten, denen sie aus dem ‚Schwarzen Zigeuner' vorsingen sollte. Sie schüttelte jedes Mal den Kopf. „Nein", rief sie, „nein, ich kann's nicht!"

Sie schlich dicht an den Tanzboden heran, wo ihr Papa wirklich wunderschön Geige spielte. Wenn es ein trauriges Stück war, klang es, als ob die Geige weinte, und wenn es etwas Lustiges war, hörte es sich an, als ob sie lachte.

„Nun wird Rosa einen Solotanz vorführen", sagte plötzlich Katitzis Papa. Da stellten sich alle Besucher um den Tanzboden. Papa Taikon und Paul spielten einen schnellen Tanz, und Rosa fing an.

Da begann es auch Katitzi in den Füßen zu zucken. Sie schwang ihren Rock und bewegte die Füße genau wie ihre Schwester. Es sah fast aus, als ob sie auch tanzte.

Katitzis Papa sah sie an und lächelte. Er meinte, daß sie eine gute Tänzerin werden könnte.

Die Musik hörte auf, und Rosa beendete ihren Tanz mit einem Wirbel.

„Bravo, bravo!" schrien die Leute und warfen Rosa Geldstücke zu. Katitzi aber lief zu Lena zurück und erzählte ihr von dem Beifall und dem Geld.

„Das tun sie immer, wenn Rosa tanzt", sagte Lena. „Vielleicht machen sie's mit dir genauso, wenn du es gelernt hast."

„Darf ich dann das Geld behalten?"

„Nein, das bekommt natürlich Papa. Das Geld braucht er, weil wir den Platz doch nur gemietet haben. Alles, was wir verdienen, kommt in eine Kasse, und Papa bezahlt davon unsere Ausgaben, die Platzmiete, das Essen und die Kleider, überhaupt alles, was sein muß. Auch für diesen Stand hier müssen wir immer etwas Neues einkaufen, sonst können die Leute doch nichts gewinnen!" So langsam begann Katitzi zu begreifen, wie die Dinge lagen. Aber alles verstand sie doch noch nicht richtig. Als alle Besucher heimgegangen waren und Papa Taikon die Einnahmen zählte, ging Lena zu ihm und erzählte ihm, daß so viele Leute Katitzi gebeten hätten, das Lied vom ‚Schwarzen Zigeuner' zu singen. „Dann muß sie es lernen", sagte der Papa. Aber Katitzi war im Sitzen eingeschlafen. Vom Morgen im Kinderheim bis zur Mitternacht im Tivoli war es doch ein sehr langer Tag gewesen.

Katitzi und Lena

„Los, Katitzi, wach auf! Mach schnell! Wir wollen den Platz fegen." Lena versuchte, Katitzi wach zu rütteln, aber es war wirklich schwierig, Leben in sie hinein zu bekommen.

„Nun wach doch auf!"

„Was ist denn los, Gulla? Laß mich schlafen!"

„Hier ist keine Gulla", sagte Lena. „Ich bin's deine Schwester Lena! Los, wir wollen Geld suchen."

Katitzi fuhr hoch. Sie erinnerte sich daran, daß dies hier nicht das Kinderheim, sondern ihr Zuhause war.

„Ich komm schon. Wenn ich bloß nicht so müde wäre!"

Trotzdem hatten sie sich in Windeseile angezogen und fingen an, den Platz abzufegen. Sie fanden viele Fünföre-Stücke, und am Schießstand entdeckte Katitzi sogar einen Fünfundzwanziger.

„Wollen wir heute zum Müllplatz gehen und spielen?" fragte Lena die Schwester, als sie mit Fegen fertig waren.

„Zum Müllplatz? Was ist denn das überhaupt?"

„Oh, das ist etwas sehr Lustiges. Aber wir müssen uns beeilen, denn gleich danach müssen wir Wasser holen, noch bevor die anderen aufwachen."

„Warum müssen wir denn Wasser holen?"

„Weil das unsere Arbeit ist, natürlich!"

Lena fand, daß Katitzi noch keine Ahnung hatte. Die schien tatsächlich zu glauben, daß das Wasser von alleine käme.

„Außerdem sollen wir noch Holz sammeln."

„Ach so. Vielleicht noch was?"

„Nein, wir brauchen nur für Holz und Wasser zu sorgen, ehe die Tante und Papa aufwachen, damit beides rechtzeitig da ist."

„Komm, laß uns zur Mühle gehen!"

„Zum Müllplatz, du Dummchen!"

Die Mädchen gingen ein Stück tiefer in den Wald hinein. Lena blieb nach einer Weile stehen. „Hier ist es, Katitzi! Dies hier ist der Müllabladeplatz."

„Bist du dumm?" rief Katitzi. „Das ist ein Schutthaufen."

„Na ja, aber man nennt das auch einen Müllplatz. Sieh mal, was es hier alles gibt!" Katitzi blickte sich um. Da lagen viele Sachen: ein kaputter Sessel, ein zerbrochener Tisch und viele alte, zerlöcherte Töpfe. Auch ein Nachttopf war da.

„Und was machen wir hier?" fragte Katitzi.

„Wir spielen. Komm, wir tun so, als wohnten wir in einem richtigen Haus!"

Und schon fing Lena an, sich eine kleine Bude zu bauen. Sie zog etwas aus ihrer Tasche, das sie in eine verrostete Blechbüchse steckte.

„Was hast du da?" erkundigte sich Katitzi.

„Das ist Seife. Jetzt backen wir eine Torte", erklärte Lena. „Lauf und such ein paar Vogelbeeren. Dann sollst du mal sehen!" Sie schlug das Seifenwasser so lange mit einem Stöckchen, bis es Schaum gab. Katitzi fand viele Vogelbeeren, die sie in ihre Schürze tat. Lena formte eine Torte aus Moos, strich den Seifenschaum darauf und legte die Vogelbeeren als Verzierung hinein. Nun sah das Ganze wie eine richtige Torte aus.

„Sag mal, Lena, was ist eigentlich Migräne?" fragte Katitzi plötzlich, als sie sich hingesetzt hatten und Kaffeeklatsch spielten.

„Migräne? Warum willst du das wissen?"

„Na ja, weil sich die Tante doch gestern abend hinlegen mußte. Sie hat gesagt, daß sie Migräne hätte."

„Ich weiß es auch nicht so genau", sagte Lena. „Es ist wohl so'ne Art Krankheit. Ich glaube, man hat Kopfschmerzen, wenigstens meistens."

„Warum hat sie eigentlich helles Haar? Wir anderen sind doch alle dunkel?"

„Weil sie eine ‚Gaji' und keine Zigeunerin ist, deswegen!"

„Aber warum lebt sie denn bei uns, wenn sie nicht mal Zigeunerin ist? Hat sie früher in einem richtigen Haus gewohnt?"

„Ja, das ist gar nicht so sonderbar. Sie wohnte in einem richtigen, schönen großen Haus, als sie unseren Papa kennenlernte. Wir waren dort, in dem Ort, mit unserem Tivoli. Sie hat ihre Familie damals verlassen und ist mit Papa fortgegangen."

„Aber dann muß sie ihn doch lieb haben! Sonst wäre sie nicht aus einem solch feinen Haus fortgezogen", meinte Katitzi. „Warum ist sie so eklig? Warum haben alle solch eine Angst vor ihr?"

„Ich weiß es nicht. Aber ich glaube, sie wußte damals gar nicht, daß Papa uns Kinder hatte. Vielleicht hat sie sich auch eingebildet, daß unser Papa sehr reich wäre und außerdem dachte sie vielleicht, daß es Spaß macht, im Zelt zu leben. Aber mach dir nichts draus! Die Erwachsenen sind manchmal komisch! Wir beiden wollen immer gut zusammenhalten. Findest du nicht auch?"

„Ja, darauf wollen wir uns die Hand geben."

„Aber Katitzi, komm, jetzt müssen wir machen, daß wir nach Hause kommen! Unterwegs sammeln wir noch schnell Äste und Tannäpfel, denn sie müssen doch Feuer machen und Tee kochen."

Als sie zum Lager zurückkamen, sahen sie schon eine Rauchfahne aus dem Ofenrohr steigen.

„Ach du meine Güte! Sie sind schon wach! Na, das wird ja ein Theater geben! Schnell, komm! Wir haben noch nicht mal Wasser geholt!"

Aber sie brauchen sich nicht aufzuregen. Paul hatte schon alles vorbereitet. Er war zuerst aufgewacht, hatte das Feuer angezündet und Wasser geholt. Er mußte lachen, als er die verdutzten Gesichter der Mädchen sah.

„Ich hab' mir gleich gedacht, daß ihr irgendwo gespielt und die Zeit ganz und gar vergessen habt", sagte er.

„Aber macht euch keine Sorgen. Alles ist in Ordnung. Wenn ich erst Mal richtig verdiene, kaufe ich euch Uhren, damit ihr immer wißt, wie spät es ist."

Inzwischen war auch Rosa aufgestanden und kochte nun zuerst die Grütze für die drei Kleinen. Dann machte sie Butterbrote fertig und kochte Tee für die Größeren. Sie sah noch ein bißchen müde aus, war aber trotzdem nicht schlechter Laune.

„Heute müssen wir waschen. Du, Lena, hilfst mir gleich die Sachen hinunter zum See tragen, und du, Katitzilein, könntest wohl noch ein bißchen Reisig für das Feuer unter dem Kessel sammeln? Ja, und dann dürfen wir nicht vergessen, zur Nachbarin zu gehen und sie um ihren Wäschetopf zu bitten."

„Sollen das nicht Lena und ich tun?" fragte Katitzi.

„Ja, von mir aus. Geht nur! Aber könnt ihr ihn denn auch tragen? Seid nur ja recht höflich, wenn ihr um den Topf bittet! Vergeßt das nicht!" mahnte Rosa.

Die Mädchen trotteten hinüber zu dem Haus, das nicht weit vom Lagerplatz entfernt lag. Es war ein großer Bauernhof. Lena klopfte an die Tür, und dann warteten sie ein bißchen. Die Bäuerin öffnete und fragte, „Was möchtet ihr denn?" Lena und Katitzi knicksten so tief, daß die langen Röcke über den Boden fegten.

„Guten Tag", sagte Lena. „Wir möchten schrecklich gern wissen, ob wir noch einmal den Wäschetopf ausleihen dürfen. Rosa muß nämlich heute waschen."

„Muß Rosa schon wieder waschen? Sie hat doch gerade erst vor ein paar Tagen Wäsche gehabt! Ihr macht ja wirklich eine Menge schmutzig!"

„Ja, der Platz ist so lehmig. Da wird alles schnell dreckig", erklärte Lena.

„Natürlich könnt ihr den Topf gern haben! Kommt mit hinüber zur Scheune! Dort steht er."

Die Mädchen folgten der Bäuerin über den Hof. Katitzi blickte sich um und fand, daß es die Bewohner wirklich schön hätten. ‚Ja, so möchte man's haben!' dachte sie. Drinnen in den Ställen waren viele Tiere, Kühe, Schweine, Hühner und ein Zicklein.

„Und wer bist du?" fragte die Bäuerin Katitzi.

„Ich bin Katitzi. Ich komme aus dem Kinderheim."

„Arme Kleine! Sie hätten dich ruhig noch ein bißchen dort lassen sollen. Dies hier ist kein Leben für dich, wenn du es anders gewöhnt bist."

„Aber ich freu' mich doch, daß ich hier bin, weil ich richtige Geschwister habe. Und Lena sagt, daß sie mich vermißt haben, Tatsache!"

„So ist's recht, mein Kleines! Haltet nur gut zusammen, dann wird's schon gehen! Aber nun kommt erst mal mit in die Küche. Ich hab' schöne frische Brötchen für euch."

Katitzi fand die Tante lieb, aber sie begriff nicht, warum die sie bedauerte. War es etwa nicht gut, daß Katitzi heimgekommen war?

Nachdem sie eine große Tüte mit süßen Brötchen in Empfang genommen hatten, griff jedes Kind nach einem Topfhenkel. So wackelten sie zu Rosa zurück, den riesigen Topf zwischen sich.

„Was meint sie damit, Lena, daß ich besser nicht heimgekommen wäre?"

„Mach dir nichts draus! Manche Menschen bedauern uns, weil wir so leben müssen. Aber sie können uns auch nicht helfen, daß es besser wird."

„Warum eigentlich nicht? Wir können doch in ihrem großen Haus wohnen?"

„Du bist wohl nicht gescheit! Daran merkt man, daß du zu lange fort warst. Glaubst du etwa, daß die Bauern auf ihren Höfen Zigeuner haben wollen?"

„Das verstehe ich überhaupt nicht. Wieso den nicht?"

„Ach, wir wollen nicht mehr darüber reden! Beeil dich, wir müssen heim. Sonst kann Rosa nicht waschen."

Sie wackelten mit dem Topf davon und kamen endlich ans Ufer, wo Rosa schon aus Tannäpfeln und Zweigen ein Feuer angezündet hatte.

„Mach schnell, Katitzi, und hol mir Brennholz!" sagte sie. Katitzi lief so rasch sie konnte. Als sie mit ihrer Last zurückkam, lag die schmutzige Wäsche schon im Topf, natürlich mit Seife, damit sie auch schön weiß wurde. Bis die Wäsche kochte, saßen die Mädchen zusammen und schwatzten ein bißchen. Rosa versuchte, Katitzi zu erklären, warum sie in Zelten wohnen mußten. Aber es fiel Katitzi sehr schwer, das alles richtig zu begreifen. Warum durften sie nicht so leben wie andere Menschen?

„Hat denn Papa niemals gesagt, daß wir lieber in einem Haus wohnen möchten?" fragte sie.

„Ach, wie oft schon, Katitzi! Du wirst deinen Vater noch oft genug mit anderen darüber reden hören, daß wir so leben möchten wie die übrigen Menschen. Aber dann wirst du jedes Mal erleben, daß die Leute ,nein' dazu sagen. Doch jetzt wollen wir nicht mehr daran denken."

Rosa nahm die Sachen aus dem Topf und legte Stück auf Stück auf einen flachen Stein, wo sie alle so lange bürstete und rieb, bis sie ganz sauber waren. Dabei machte sie ein ärgerliches Gesicht. Eigentlich war sie auch recht zornig. Sie hätte am liebsten all diese Kerle unter der Bürste gehabt, die ihrem Papa und ihnen allen ein Heim verweigerten.

Es brennt!

Katitzi fand sich langsam in ihre neue Rolle in diesem ungewohnten Leben, obwohl ihr natürlich noch manches fremd war. Im Kinderheim hatte sie ein Bett für sich allein gehabt. Hier mußte sie eines mit Lena teilen. Sie fand auch das Bettzeug merkwürdig, aber es war wenigstens warm. Sie hatten Federbetten: ein Kissen, auf dem sie lagen und eins, mit dem sie sich zudeckten. Auch das Essen war anders. Hier gab es nicht Milchsuppen und Grütze, wie so oft im Kinderheim, sondern stark gewürzte Speisen, hauptsächlich Gemüsesuppen, manchmal auch ein Huhn.

An die viele Arbeit, die Katitzi, Lena und die dreizehnjährige Rosa leisten mußten, gewöhnte sie sich bald. Daß die Tante, ihre neue Mama, niemals etwas tat, sondern meistens las und gern etwas Süßes schleckerte, nahm sie auch hin. Aber daß sie ewig schimpfte und Katitzi an den Haaren zog, so oft sie nur eine Gelegenheit dazu fand, das konnte ihr Katitzi nicht verzeihen. Es war einfach unrecht. Sie erkundigte sich bei Rosa, warum die Tante so böse wäre. Aber Rosa riet Katitzi, sich nicht darüber zu grämen. Es würde schon besser werden, wenn Katitzi größer wurde.

Katitzi wußte, daß sie einmal in einem schönen großen Haus wohnen würde, wenn sie erwachsen war. Und dort ließ sie dann die Tante einfach nicht hinein!

Eines Tages fuhren Papa Taikon und die Tante in dem roten Auto fort, um wie Paul sagte, einen neuen Platz zum Wohnen und fürs Tivoli zu suchen. Es war nämlich bald Herbst, und draußen wurde es recht kühl. Katitzi und Lena froren an den Füßen und hofften, daß der Papa ihnen bald Schuhe machen würde. Sie wagten aber nicht, ihn darum zu bitten, denn er hatte genug Sorgen. Jedenfalls sah er so aus, als hätte er großen Kummer.

Es war den Mädchen strengstens anbefohlen, gut auf die kleinen Geschwister aufzupassen, damit diesen in Abwesenheit der Eltern auch ja nichts zustieß. Vor allem sollten sie sich um Lennart, den Kleinsten, kümmern, der erst fünf Monate alt war. Er lag im Wäschekorb drinnen in dem kleinen Wagen, wo auch sonst der Papa und die Tante schliefen.

Rosa wusch wie üblich. Paul war ins Dorf gegangen, um sich dort nach einer Arbeit umzuhören. Er war nämlich sehr tüchtig im Flicken und Putzen von Kupferkesseln. Unten im Dorf war ein Café, und dort hatte man ihm versprochen, daß man ihm die Kupfersachen zur Reparatur überlassen wollte.

Lena war in den Wald gegangen, um Kienäpfel zu sammeln, und Katitzi war mit den drei Kleinen zu Hause geblieben.

Plötzlich sah sie, wie aus dem kleinen Fenster im Wagen Rauch quoll. Sie packte alles, was ihr gerade vor den Händen lag, und stürzte hinüber. Als sie in den Wagen kletterte, fuhr sie entsetzt zurück. Drinnen war alles voller Rauch, und der kleine Lennart brüllte in seinem Körbchen, als ob er am Spieße steckte. Katitzi erschrak ganz furchtbar und wußte zuerst überhaupt nicht, was sie machen sollte. „Zum Bauernhof laufen und um Hilfe bitten!" dachte sie. Aber dann sah sie, wie die Flammen nach den Gardinen griffen und merkte, daß es zu spät war, um Hilfe zu holen. Katitzis kleine Schwestern standen auf dem Platz und heulten, die eine lauter als die andere. Katitzis Herz pochte so laut, daß sie meinte, man höre es über den ganzen Platz. „Liebes Fräulein Kvist, hilf mir doch!" dachte sie, und dann stürzte sie hinein in den Wagen. Sie fing sofort an zu husten, denn der Rauch stieg ihr in den Hals. Kaum sah sie die Hand vor Augen, die ihr von all dem Qualm wie Feuer brannten. Zuerst riß sie die Gardinen von den Fenstern, dann griff sie flink nach dem Kleinen im Körbchen. Mit einer Hand warf sie die Gardinen auf die Erde, mit der anderen bettete sie den Bruder vorsichtig auf den Boden. Dann stürzte sie nochmals hinein, um nachzuschauen, ob noch etwas brannte. Eines von Vaters Kissen hatte Feuer gefangen, und Katitzi war so schlau, ein anderes zu nehmen und damit den Brand zu ersticken. Sie verbrannte sich die Hände und bekam eine Menge Brandblasen, aber die spürte sie erst später. Im Augenblick war sie froh, daß sie das Feuer auslöschen konnte. Da kam auch schon Lena herbeigelaufen, die den Brandgeruch gespürt hatte. Sogar Rosa tauchte auf. Sie waren ganz erschrocken. Plötzlich kullerten Katitzi dicke Tränen über die Backen. „Denk doch bloß", sagte sie, „wenn unser Brüderchen verbrannt wäre!"

„Wie tüchtig du warst, Katitzilein!" sagte Rosa. „Aber wie ist das nur passiert?"

Lena war inzwischen in den Wagen gegangen, um nach der Ursache des Feuers zu suchen. Der Petroleumofen war schuld daran. Er war explodiert, das Petroleum hatte angefangen zu brennen, und das Feuer hatte sich ausgebreitet.

„Wir bringen besser alles wieder in Ordnung, ehe die anderen heimkommen", sagte Rosa. „Aber sag mal, Katitzi, was ist denn mit deinen Augenbrauen passiert? Die sind ja ganz versengt! Und laß mal deine Hände sehen! Meine Güte, du hast dich ja tüchtig verbrannt! Komm, wir müssen dich verbinden!"

„Nein", sagte Katitzi, „erst müssen wir den Wagen aufräumen. Wenn sie nach Hause kommen und sehen, daß es gebrannt hat, geben sie mir die Schuld und behaupten, daß ich nicht richtig aufgepaßt hätte", sagte Katitzi.

„Deswegen brauchst du dich nicht zu fürchten. Das bringe ich schon in Ordnung. Gnade dem, der dir die Schuld zuschieben will! Alle müssen dir dafür dankbar sein, daß du das Brüderchen gerettet hast. Und wenn die Tante ein Wort gegen dich sagt, dann bekommt sie von mir meine ehrliche Meinung zu hören." Rosa sah ungewöhnlich barsch aus.

So wurde Katitzi erst einmal von Rosa bepflastert, und dann brachten ihre Schwestern den Wagen wieder in Ordnung. Katitzi saß daneben und wiegte den kleinen Lennart auf ihren Knien. Kurz darauf schlief er ein. Da legte sie ihn in ihr und Lenas Bett.

Als Lena Katitzi mit dem Kleinen auf dem Schoß betrachtete, fiel ihr plötzlich ein, daß sie der Schwester eine Puppe versprochen hatte, damals, als ihr die Tante die schöne Puppe von den Zirkusleuten weggenommen hatte.

„Hör mal, Rosa", sagte Lena, „hast du vielleicht ein paar Stoffreste?"

„Wozu brauchst du die denn?" erkundigte sich Rosa.

„Hast du welche oder nicht? Es kann dir doch ganz egal sein, wozu ich sie brauche! Wenn du es unbedingt wissen willst: Ich will Katitzi eine Puppe machen. Sie tut mir so leid. Warum hat Papa sie bloß hergeholt? Im Kinderheim hatte sie es viel besser."

„So etwas will ich nie wieder hören, Lena! Katitzi ist unsere Schwester und gehört zu uns. Verstehst du das nicht? Wir haben es nicht leicht, deswegen müssen wir um so fester zusammenhalten. Komm mit, ich schau' mal gleich nach Resten!"

Rosa wühlte in einem Bündel herum und fand ein Stückchen rotes Tuch, außerdem noch ein paar gelbe Seidenbänder. Die ganze Herrlichkeit übergab sie Lena.

Die lief zu der netten Bäuerin und bat um ein Holzscheit.

„Was willst du denn mit einem Holzscheit? Such dir soviel Zweige zusammen, wie du brauchst. Aber Brennholz kann ich dir nicht geben. Vielleicht machst du gar ein Feuer?"

„Aber liebe Tante! Ich brauche doch das Holzscheit nicht zum Verbrennen, und ein Feuer will ich gewiß nicht machen. Ich möchte nur eine Puppe für Katitzi schnitzen, weil sie so traurig ist."

„Eine Puppe aus Holz? So etwas hab' ich mein Lebtag noch nicht gehört! Naja, von mir aus! Nimm ein Holzscheit mit oder besser zwei, falls es beim ersten Mal nichts wird!"

Nach langem Suchen fand Lena endlich ein geeignetes Holzstück, lang und breit genug für eine Puppe, so daß sie ein zweites nicht brauchte. Sie lieh sich ein Messer und begann, den Kopf zu schnitzen. Später, als die Puppe so gut wie fertig war, band sie mit dem gelben Seidenband den Flicken um die Taille der Puppe. Mit einem Stück Holzkohle zeichnete sie Augen, Mund und Nase ins Gesicht. Aus einem kleinen Rest Stoff wurde ein Kopftuch, das sie unter dem Kinn festknotete.

Katitzi freute sich sehr, als Lena ihr die neue Puppe gab, und bewahrte dieses Geschenk ihrer Schwester viele Jahre sorgfältig auf.

Besuch aus dem Dorf

Eigentlich war es ein ganz gewöhnlicher Tag, und doch war alles anders als sonst. Das lag daran, daß Papa Taikon und die Tante mit dem Auto fortgefahren waren, um an einer Hochzeit in der Verwandtschaft teilzunehmen. Natürlich freuten sich die Mädchen sehr, daß sie endlich einmal Ruhe hatten. Sie waren glücklich, weil sie niemand tadelte, niemand sagte, sie seien faul und hätten nicht genügend Holz gesammelt oder Wasser geholt.

Mitten in der Woche zogen sie schon früh am Morgen ihre besten Kleider an. Rosa fand das dumm, aber sie sagte nichts dazu, denn sie verstand ihre kleinen Schwestern nur zu gut. Lena und Katitzi erwarteten nämlich Besuch aus dem Dorf. Beim Wasserholen hatten sie zwei Mädchen kennengelernt. Die hatten angekündigt, daß sie kommen und einmal sehen wollten, wie die Zigeuner in ihrem Lager lebten. Deswegen wollten Lena und Katitzi besonders fein sein.

Da kamen die beiden Dorfmädchen schon, mit Fahrrädern und sehr schick angezogen. Lena und Katitzi wunderten sich, daß so kleine Mädchen schon Räder besaßen.

Die Besucherinnen hießen Greta und Inga und waren sehr nett. Inga hatte langes, brandrotes Haar und viele, viele Sommersprossen, aber niemand regte sich darüber auf, niemand verspottete sie. Gretas lange Zöpfe waren von leuchtendem Goldblond.

„Hei!" riefen die beiden. „Habt ihr schon lange auf uns gewartet?"

„Noch nicht so furchtbar lange", schwindelte Katitzi, obwohl sie und Lena bereits um fünf Uhr aufgestanden waren und seither ungeduldig Ausschau gehalten hatten.

„Wir müssen so viel arbeiten", sagte Lena, „daß wir gar keine Zeit zum Warten haben."

Nun wunderten sich die Mädchen aus dem Dorf. Lena und Katitzi waren ja so fein!

„Warum habt ihr euch denn so fein gemacht?" fragten sie.

„Fein?" sagte Katitzi. „Wir sind doch gar nicht fein. Wir ziehen uns jeden Tag so an."

„Aber wenn ihr ins Dorf kommt und Wasser holt, seht ihr ganz anders aus! Jedenfalls habt ihr nicht diese Kleider an." Inga dachte bei sich, daß die Zigeunermädchen sogar recht schäbig angezogen gewesen waren.

„Na, hört mal, das muß doch jeder verstehen!" sagte Katitzi. „Beim Arbeiten kann man doch nicht dieselben Sachen tragen wie sonst." Inga konnte nicht begreifen, warum Mädchen in diesem Alter schon so schwer arbeiten mußten. Sie und Greta jedenfalls brauchten nicht zu schuften. Aber das sagte sie natürlich nicht.

„Woher habt ihr die schönen Räder?" erkundigten sich Lena und Katitzi.

„Die haben wir zum Geburtstag bekommen. Wir sind nämlich Cousinen und haben außerdem am gleichen Tag Geburtstag. Wir haben uns die Räder von unseren Eltern gewünscht, und die haben sie uns geschenkt."

„Dann habt ihr aber nette Eltern."

„Die besten von der Welt", sagten die Mädchen wie aus einem Munde. „Es gibt keine Kinder, die bessere Eltern haben!"

„Komisch!" dachte Katitzi. „Woher wissen sie denn das? Die übertreiben aber mächtig!"

„Habt ihr denn schon alle Kinder auf der Welt gefragt, daß ihr es so genau wißt?" erkundigte sie sich. „Wir haben eine nette Schwester. Rosa heißt sie."

Katitzi und Lena schauten sich an und dachten: „Kein Mensch würde sich darum kümmern, wenn wir uns Räder wünschten!"

„Na ja, wenigstens sind unsere Eltern die nettesten im ganzen Dorf. Zu Weihnachten wünschen wir uns einen Hund, und sie haben uns versprochen, daß wir einen bekommen, wenn wir lieb sind."

„Einen Hund?" Katitzi wurde ganz aufgeregt. „Glaubst du, Lena, daß wir auch einen kriegen könnten?"

„Man kann nicht alles auf der Welt haben", sagte Lena weise. Sie hatte das irgendwo aufgeschnappt und fand es jetzt passend. „Wir haben dafür eine ganze Menge anderes, worüber wir uns freuen können."

„Was denn?" fragte Katitzi und wirkte nicht so ganz überzeugt.

„Na, das Karussell zum Beispiel! Gibt es etwa im Dorf Kinder, die ein Karussell haben?"

Greta und Inga überlegten, aber es fiel ihnen niemand ein, der ein Karussell besaß.

Inga mußte lachen und sagte: „Stellt euch mal vor, die Kinder vom Bäcker oder vom Schuster hätten ein Karussell! Das wäre vielleicht komisch! Aber natürlich auch ein Mordsspaß! Na ja, alles in der Welt kann man nicht haben", äffte sie Lena nach.

Die Dorfmädchen flüsterten miteinander. Sie taten sehr geheimnisvoll, und die Schwestern hätten gern gewußt, was für Geheimnisse die anderen miteinander hatten.

„Man darf nicht flüstern, sondern soll immer so laut reden, daß es alle verstehen!" sagte Katitzi.

„Ja, aber wir müssen etwas besprechen."

„Geht das nicht ein bißchen lauter?" fragte Lena.

„Vielleicht findet ihr uns blöde, wenn wir's euch sagen", meinte Inga. „Ihr werdet uns auslachen."

„Woher wißt ihr das, wenn ihr's uns nicht sagt?" fragte Katitzi. „Nun mal heraus mit der Sprache!"

Aber die Mädchen aus dem Dorf trauten sich nicht.

„Wir wären auch gern Zigeuner", sagte Inga schließlich.

„Waaas?" fragten Lena und Katitzi wie aus einem Munde. Sie sahen ganz entgeistert aus. „Was möchtet ihr sein?"

„Wir möchten gern so sein wie ihr, solche Kleider tragen und so."

Da mußte Lena wirklich lachen. „Das wäre gar nicht so dumm", sagte sie. „Ihr zieht unsere Sachen an, dann gehen wir zu euch nach Hause und können zur Abwechslung mal in einem richtigen Haus wohnen."

„So haben wir es nicht gemeint", erklärte Greta. „Wir möchten nur mal Zigeuner spielen. Können wir nicht wenigstens heute mal eure Kleider anziehen?"

Katitzi und Lena sahen sich an. Nun waren sie mit dem Flüstern an der Reihe. Nach einer Weile sagte Lena:

„Wir leihen euch unsere Kleider, wenn ihr uns dafür eure Räder borgt."

„Aber wir können doch gar nicht radfahren", sagte Katitzi.

„Vielleicht können sie's uns zeigen. Tut ihr das?" fragte Lena.

„Klar, wenn wir eure Sachen anziehen dürfen?"

Die Kinder zogen sich um, und Rosa, die dazu kam, fand Inga und Greta in den Zigeunerkleidern so komisch, daß sie laut loslachte.

Aber die Kinder lachten nicht, sie nahmen die Sache furchtbar ernst. Greta hatte sich ein Kopftuch umgebunden, damit man ihre blonden Haare nicht mehr sah. Sie verlangte sogar, daß Lena die paar Strähnen, die noch darunter hervorschauten, mit Kohle färben sollte. Lena wollte das auch gern tun, aber Rosa wurde energisch und verbot es. „Das kommt nicht in Frage!" sagte sie.

Dann setzten sich Lena und Katitzi auf die Räder und versuchten zu fahren. Aber sie fielen mindestens hundertmal hin, bis sie es lernten. Doch alle vier fanden zum Schluß, daß es ein herrlicher Tag gewesen wäre. Die Schwestern konnten radfahren, und die Dorfmädchen waren einen ganzen Tag Zigeunerinnen, wie sie es sich schon immer gewünscht hatten.

Der Umzug

Eines Tages kam der Briefträger ins Lager. Er brachte Papa Taikon einen großen Brief.

„Würden Sie hier bitte unterschreiben, Herr Taikon?" fragte er.

„Ich kann nicht schreiben", erklärte der Papa.

„So etwas ist mir doch wirklich noch nicht vorgekommen! Sie können nicht schreiben? Was machen wir denn nur? Ich brauche doch Ihre Unterschrift, sonst muß ich den Brief wieder mitnehmen."

„Ach, ich setze einfach mein Zeichen drunter, da, wo mein Name stehen soll."

„Ihr Zeichen? Was für ein Zeichen?" Der Briefträger war ratlos.

„Na ja, ich setze drei Kreuze drunter. Das mache ich immer, also wird's auch jetzt genügen." Papa Taikon malte drei große Kreuze über das Wort *Unterschrift*.

„Was mag im Brief stehen?" dachte er besorgt. „Hoffentlich nichts Unangenehmes. Es wird doch nichts passiert sein?"

„Warum liest du den Brief denn nicht, Papa?" fragte Katitzi. „Bist du nicht neugierig?"

„Still, Katitzi!" flüsterte Lena. „Papa kann nicht lesen. Das muß die Tante für ihn tun."

„Was, unser Papa kann nicht lesen? Warum denn nicht?" Katitzi wunderte sich sehr.

„Weil er nie zur Schule gehen durfte, natürlich! Niemand von uns ist in die Schule gegangen. Auch Paul und Rosa können nicht lesen und nicht schreiben."

„So etwas Blödes habe ich wirklich noch nie gehört", sagte Katitzi. „Ich jedenfalls will zur Schule gehen und alles lernen. Dann kann ich Papa vorlesen. Willst du denn nicht in die Schule, Lena?"

„Und ob, du Schafskopf! Natürlich möchte ich. Aber ich glaube nicht, daß wir dürfen."

„Warum denn nicht? Papa freut sich bestimmt, wenn wir lesen lernen. Ist es dein Ernst?"

„Selbstverständlich! Papa möchte gern, daß wir alles lernen. Alle Kinder dürfen doch in die Schule gehen, aber wir kriegen keine Erlaubnis."

„Nun hör aber mal, Lena. Du bist schon so groß und immer noch so dumm! Warum dürfen ausgerechnet wir nicht zur Schule?"

„Ich weiß es auch nicht, aber jedenfalls sagen es alle."

„Jetzt geh' ich mal zu Papa und rede mit ihm darüber", sagte Katitzi und sah so keck aus, daß Lena keinen Widerspruch mehr wagte.

Papa Taikon war in den kleinen Wagen gegangen, in dem die Tante lag, weil sie Kopfschmerzen hatte. Sie war die einzige im ganzen Lager, die lesen konnte, aber sie war ja auch nicht Zigeunerin und hatte deswegen die Schule besuchen und lesen und schreiben lernen dürfen. Als der Papa wieder herauskam, sah er ganz verstört aus. Er rief nach Rosa und Paul.

„Hör' mal, Paul", sagte er. „In diesem Brief stehen keine guten Nachrichten. Übrigens, wenn ich schon mal Post bekomme, handelt es sich niemals um was Gutes."

„Worum geht's denn?" fragte Paul.

„Na, um das Übliche! Wir müssen wieder mal fort. Der Polizeikommandant schreibt, daß sie in einigen Tagen kommen und unsere Zelte abreißen, wenn wir nicht freiwillig fortgehen. Sie wollen uns zum Abzug zwingen. Am besten fangen wir gleich an zu packen. Ich möchte keinen Ärger kriegen!"

„Immer willst du dem Ärger aus dem Wege gehen, Papa! Wie soll's denn da anders werden? Wir können doch nicht unser Leben lang so herumziehen. Irgendwo müssen wir schließlich einmal zur Ruhe kommen. Ich hab' keine Lust, ewig auf der Wanderschaft zu bleiben. Und sag doch selbst — was soll denn aus den Kindern werden?"

„Ich bin schon zu alt, Paul. Ich kann diese Kerle bei den Behörden nicht mehr so weit bringen, daß sie uns für ganz normale Menschen halten, daß sie uns irgendwo wohnen lassen. Aber du kannst es ja mal versuchen und mit ihnen reden."

„Ja, Papa, verlaß dich drauf! Ich werde mit ihnen sprechen. Vielleicht lassen sie uns wenigstens den Winter über hier bleiben", sagte Paul.

Paul machte sich auf den Weg, um mit den mächtigen Männern zu sprechen, die beschlossen hatten, die Familie Taikon wieder auf die Wanderschaft zu schicken.

Aber er hatte keinen Erfolg. Als er zurückkam, sah er noch betrübter aus als vorher. Er berichtete, daß die Beamten ihm erklärt hatten, die Taikons sollten sich so schnell wie möglich aus dem Staube machen.

Da machten sich alle an die Arbeit und packten, außer der Tante natürlich. Die jammerte: „Oh, meine Migräne! Mein armer Kopf! Was für ein Leben muß man führen!"

Paul und sein Papa rissen das Zelt ab und verpackten die Teile in große Kisten. Rosa kümmerte sich ums Verpacken des Porzellans, das war nämlich gar nicht so einfach. Sie wickelte es in Papier, damit es unterwegs nicht zerbrach. Niemand kümmerte sich an diesem Tage ums Essen. Keiner verspürte Hunger. Außer der Tante natürlich. Die ging mit den Kleinen hinunter ins Gasthaus und aß dort. Papa Taikon und Paul hatten einmal versucht, dort zu essen. Aber man hatte sie einfach nicht bedient. Die Kellnerin weigerte sich und sagte, Zigeuner seien unerwünscht. Die Tante aber, die helles Haar hatte, durfte sich dort etwas bestellen.

Inzwischen waren sie reisefertig, Papa Taikon hatte gründlich herumgeschaut, ob nichts zurückblieb und ob alles, was sie sich von der Bäuerin ausgeliehen hatten, zurückgebracht war. Katitzi und Lena hatten den Platz so gründlich fegen müssen, daß er schließlich so sauber war wie der Fußboden in einer guten Stube.

Papa Taikon hate zwei Lastwagen gemietet, die jetzt kamen. Alles, was nur Platz darauf fand, wurde auf ihnen verstaut. Paul zurrte ein dickes Seil darüber fest, damit nichts herunterfiel. Der Wohnwagen wurde ans Auto gekoppelt, und alle Kinder, bis auf den kleinen Lennart, mußten hineinklettern. Die Tante setzte sich zu Papa ins Auto und nahm den Kleinen auf den Schoß. Die Kinder waren gespannt, wo es hingehen sollte, aber sie mochten ihren Papa nicht fragen, sondern erkundigten sich lieber bei Paul:

„Wo fahren wir hin, Paul?"

„Ach, wenn ich das wüßte! Wahrscheinlich bleiben wir irgendwo in einer Nachbargemeinde. Wir werden's ja sehen. Warum macht ihr denn so traurige Gesichter?"

„Endlich haben wir zwei Freundinnen gefunden", erklärte Katitzi, „und nun müssen wir weg!"

Paul kannte Inga und Greta nicht. Aber er tröstete die Schwestern

damit, daß sie bestimmt wieder nette Mädchen kennenlernen würden, wenn sie erst mal auf dem neuen Platz wären.

Nun ging es also los! Papa Taikon hatte den Mädchen eingeschärft, daß sie jedesmal herausspringen und schieben helfen sollten, sobald es bergauf ginge. Sonst schaffte es das Auto mit dem Anhänger nämlich nicht.

Die Mädchen hatten keine Angst. Es ging ja nur langsam voran, und sie hopsten schnell hinaus, sobald es nötig war.

Gegen Abend kamen sie in ein Dorf und erkundigten sich auf der Polizeiwache, ob schon Zigeuner dort wären. Der Polizist schaute die Taikons mißtrauisch an und sagte:

„Draußen, hinter dem Dorf ist schon eine Zigeunerfamilie. Aber erwarten Sie nicht, daß wir Sie dort auch noch wohnen lassen. Es reicht uns schon mit diesen Zigeunern. Die müssen ohnehin bald fort."

Außerhalb des Dorfes war ein kleines Lager aufgeschlagen. Es bestand nur aus ein paar kleinen Zelten. Die Leute waren so arm, daß sie nicht einmal einen Wagen besaßen. Papa Taikon hielt an, und alle sprangen hinaus, um die Leute zu begrüßen und zu schauen, ob es sich um Bekannte handelte. Doch es waren Fremde. Papa Taikon unterhielt sich mit einem Mann auf Romanes, deswegen verstand Katitzi kein Wort.

„Was reden die da, Lena?" fragte sie.

„Papa erkundigt sich, ob wir nicht doch hierbleiben können. Aber der Mann sagt, daß es nicht geht, weil sie selber auch fort müssen."

Plötzlich sah Katitzi mehrere kleine Hunde, alle waren so süß und wollig wie Teddybären. So etwas Niedliches hatte sie überhaupt noch nicht gesehen! Ein Mädchen in Katitzis Alter tauchte auf und kam zu den Schwestern herüber.

„Magst du Hunde leiden?" fragte sie. „Möchtest du auch einen haben?"

„Wie gern!" rief Katitzi. „Willst du denn wirklich einen fortgeben? Ich weiß noch nicht, ob mein Papa das erlaubt. Aber ich kann ihn ja mal fragen."

Sie lief hinüber und zog ihren Papa an der Jacke. Lena sah das und war entsetzt. Wie konnte Katitzi es nur wagen, den Vater zu stören, wo er doch so wichtige Sachen zu besprechen hatte! Aber es war merkwürdig. Papa wurde gar nicht böse, sondern streichelte Katitzis Kopf und lächelte.

Freudestrahlend kam Katitzi angesprungen. „Lena!" rief sie. „Wir haben den besten Papa von der Welt! Wir kriegen einen Hund!"

Lena traute ihren Ohren nicht. „Erinnerst du dich, wie Inga und Greta sagten, daß sie die besten Eltern von der Welt hätten? Das wolltest du ihnen nicht glauben."

„Ach, das war doch etwas ganz anderes! Unser Papa muß einfach der allerbeste sein. Sonst bekämen wir keinen Hund. Kapierst du das nicht?"

Das Mädchen, das Katitzi den Hund versprochen hatte, kam zurück. „Ich gebe dir den Hund aber nur, wenn du mir dein großes Tuch dafür gibst", erklärte sie.

Katitzi warf Lena einen fragenden Blick zu. Sollte sie wirklich das Tuch fortgeben? Es war ja nicht das gute, um das Papa Taikon so besorgt war, als Katitzi das erste Mal im Tivoli half. Aber Katitzi war so versessen auf den kleinen Hund, daß sie nicht mehr lange überlegte, sondern dem Mädchen das Tuch gab.

Doch welchen Hund sollte sie sich aussuchen? Ein paar waren weiß, ein paar schwarz, aber süß waren sie einfach alle!

„Nein", sagte Katitzi, „ich kann nicht! Ich kriege es wirklich nicht fertig."

„Komm, ich zeige dir, wie du's machen mußt", erklärte das Mädchen. „Du mußt sie alle nacheinander streicheln."

„Warum denn? Von mir aus! Aber ich glaube nicht, daß mir das beim Aussuchen hilft."

„Dir vielleicht nicht, aber ihnen. Du wirst von ihnen ausgesucht. Verstehst du?"

So richtig begriff Katitzi das nicht. Aber das ließ sie sich natürlich nicht anmerken. Sie beugte sich hinunter und streichelte alle kleinen Hunde. Sie waren so goldig! Katitzi hätte vor Freude fast geweint.

„Nun paß auf!" sagte das Mädchen. „Geh ein bißchen weiter und bleib dann stehen. Du wirst schon sehen, welcher Hund hinter dir herläuft."

Katitzi ging los. Sie hatte wirklich so große Angst, daß sie gar nicht wagte, sich umzublicken. Wenn nun keins der Hündchen hinter ihr herlief?

„Katitzi! Katitzi! Dreh dich um!" rief Lena. „Sieh doch mal!" Katitzi wirbelte herum. Da kam ja ein ganz süßer kleiner weißer Hund angewackelt! Katitzi hob ihn hoch und war restlos glücklich. Von ihr aus konnten sie nun weiterfahren! Sie jedenfalls hatte einen kleinen Tröster gefunden.

Ein neuer Platz

Es war nun richtig Abend geworden. Trotzdem mußten sie weiterfahren. Im Lager konnten sie nicht bleiben, weil der Polizeikommandant des Ortes ihnen das nicht erlaubte. Katitzi saß im Wagen und hielt den kleinen Hund dicht an sich gepreßt. Es sah aus, als schliefen beide, Katitzi und der Hund.

Das Auto rollte durch die Nacht. Zwei große LKWs folgten mit all den vielen Tivolisachen. Es regnete, ja es goß wie mit Bindfaden. Es sah aus, als hätte sich der ganze Himmel aufgetan. Plötzlich blieb das Auto stehen. Die Mädchen hörten ihren Papa laut und energisch sprechen. Es klang richtig aufgeregt. Die Mädchen rissen das kleine Fenster auf, um zu hören, was los war.

„Herrgott nochmal! Wir können doch nicht einfach mitten im Walde stehenbleiben und den ganzen Kram abladen!" sagte Papa Taikon.

„Das können wir doch", sagte einer der LKW-Fahrer. „Wir sind es leid, die ganze Strecke zu unserem Dorf wieder zurückfahren zu müssen!"

„Aber ihr habt doch selbst gesehen, daß wir dort drüben nicht bleiben durften. Falls ihr Angst habt, daß ich euch nicht anständig bezahle, kann ich euch euren Lohn ja schon im voraus geben", sagte Papa Taikon.

„Nee, nee! Daraus wird nichts. Wir fahren nicht weiter. Hier laden wir jetzt die Sachen ab. Ihr müßt halt sehen, daß ihr jemanden findet, der sie abholt, wenn ihr einen anderen Platz habt", sagte der andere Mann und sah ziemlich grob aus.

„Aber das könnt ihr doch nicht mit uns machen! Warum seid ihr denn so unfreundlich?" fragte Papa Taikon.

„Schluß mit der Debatte! Wir laden ab!" Und schon fingen die Männer an, alles auf eine Wiese neben dem Weg zu stellen.

Papa Taikon breitete Zelttücher darüber, damit durch den Regen nicht alles verdorben wurde. Aber viel half das nicht, das meiste wurde klitschnaß.

„Komm, Paul, wir versuchen, ob wir einen Platz hier in der Nähe finden", sagte Papa Taikon.

„Wie willst du das denn fertigbekommen? Es ist doch Nacht und stockduster! Wollen wir nicht lieber ein Gasthaus suchen? Vielleicht gibt's eins in der Nähe."

„Versuchen können wir's ja. Aber ich bezweifle, ob wir Zimmer bekommen."

„Ach, ein Versuch kostet nichts!" meinte Paul. „Ich geh mal schnell hinüber zu dem Bauernhof dort drüben. Sie haben Licht und vielleicht auch ein Telefon. Ich frage, ob ich mal telefonieren darf." Er rannte los und kam bald freudestrahlend zurück. Es würde also mit den Zimmern klappen.

Alle freuten sich darauf, in die Wärme zu kommen. Schnell waren Hunger und Müdigkeit vergessen.

Als sie vor dem Hotel hielten und hineingingen, kam ihnen ein großer Mann entgegen, der sie erschrocken anstarrte.

„Was wollen Sie?" fragte er.

„Wir haben Zimmer für diese Nacht bestellt", sagte Paul. „Ich hab' gerade eben bei Ihnen angerufen."

„Zimmer bestellt? Oh nein, das muß ein Mißverständnis sein. Wir haben keine freien Zimmer."

„Was sagen Sie da? Eben haben Sie mir am Telefon doch noch erklärt, daß Sie Zimmer genug haben."

„Na ja, manchmal kommt es vor, daß Zimmer frei sind, aber nicht gerade jetzt. Im übrigen kann ich Ihnen nur sagen, daß wie hier im Ort niemals an Zigeuner vermieten. Falls Sie nicht freiwillig gehen, rufe ich die Polizei."

Die Familie kletterte wieder ins Auto und in den Wagen. Papa Taikon erklärte nochmals, daß er versuchen müßte, einen Platz zu finden, wo sie ihre Zelte aufschlagen und den Wagen hinstellen könnten.

Katitzi begriff das Ganze nicht so recht. Ihr kam das alles schrecklich ungerecht vor. Warum hatte der lange Kerl sie fortgejagt? Und warum hatte er vorher Paul am Telefon gesagt, daß er Zimmer frei hätte? Sie dachte immer wieder darüber nach. Vielleicht konnte ihr Lena die Sache erklären. „Warum sind die alle so böse mit uns, Lena? Warum jagen sie uns überall fort? Was haben wir denn Böses getan?"

„Wie kann ich das wissen?" gab Lena zurück. „Vielleicht mögen

sie alle Leute mit schwarzen Haaren nicht leiden, nur Blonde? Übrigens habe ich dir doch gesagt, daß man nicht alles auf der Welt haben kann."

„Nein, alles natürlich nicht, aber vielleicht doch ein kleines bißchen! Nur ein kleines Zimmer im Gasthaus", sagte Katitzi und mußte schrecklich gähnen. Nach einer Weile schliefen die Kinder ein.

Aber sie hatten noch nicht lange geschlafen, als sie mit einem Ruck geweckt wurden.

„Los, wacht auf, ihr Mädchen! Wir haben einen Platz gefunden, wo wir bleiben können. Eine nette alte Dame hat uns erlaubt, daß wir unsere Zelte hier aufschlagen dürfen", sagte Papa Taikon und sah sehr froh aus, obwohl es doch schon mitten in der Nacht war. „Bleibt noch ein Weilchen sitzen. Ich schlage inzwischen die Zelte auf. Aber dann müßt ihr schnell euer Bettzeug holen."

Papa Taikon, Paul und Rosa stellten sofort das große Zelt auf und mitten hinein eine Blechtonne mit einem Rohr, das durch ein Loch in der Decke führte. Bald schon begann es zu rauchen. Paul hatte ein Feuer angezündet, und nun beeilten sich die Mädchen und brachten die Bettsachen hinein. Rosa hatte schon Tannenzweige über den Boden gebreitet und Matten darauf gelegt.

„Huch, wie feucht die Betten sind!" sagte Katitzi. „Sollen wir wirklich darin schlafen, Rosa?"

„Leg doch alles neben den Ofen, dann wird's bald warm und trocken", sagte Rosa.

„Aber ich mag nicht darin schlafen, wenn das Zeug so naß ist. Dann friere ich ja."

„Sei jetzt still, Katitzi, da kommt Papa!" sagte Lena.

„Ich mag aber nicht hier bleiben. Es ist so kalt und so naß! Ich will zurück ins Kinderheim!"

„Halt den Mund! Wenn Papa das hört, wird er traurig. Nimm den Hund mit ins Bett, vielleicht wärmt er dich ein bißchen."

„Nennst du so etwas ein Bett? Du weißt ja gar nicht, wie ein richtiges Bett aussieht! Da hättest du mal ins Kinderheim kommen sollen! Dort lag kein Kissen auf dem Fußboden, oh nein! Die hatten da richtige Möbel mit Matratzen und Laken. Decken gab's da und alles ... wirklich!"

„Schon gut, aber wir haben das alles nicht, sondern Kissen, auf denen wir liegen, und dafür müssen wir dankbar sein, denn es gibt Menschen, die haben noch nicht einmal das", sagte Lena.

Man konnte ihr anmerken, daß sie böse auf Katitzi war, weil die immerfort jammerte. Vielleicht war Lena auch ein ganz bißchen neidisch, weil sie noch nie in einem richtigen Bett geschlafen hatte. Aber das wollte sie sich natürlich nicht anmerken lassen.

Nach einer Weile waren die Bettbezüge so trocken geworden, daß Rosa die Betten fertigmachen konnte. Paul sagte, daß er während der ganzen Nacht aufbleiben und aufs Feuer achten wollte, damit es nicht zu kalt würde.

Die Mädchen krochen ins Bett. Katitzi hatte ihren Hund bei sich. Plötzlich setzte sie sich noch einmal hoch und rief: „Lena, Lena! Wir müssen dem Hund unbedingt einen Namen geben!"

„Morgen", gähnte Lena. „Jetzt bin ich zu müde. Ich kann überhaupt nicht mehr denken. Morgen ist auch noch ein Tag."

„Du mußt, Lena! Du darfst nicht einschlafen, ehe wir einen schönen Namen gefunden haben!"

„Ach, Katitzi, immer willst du mit dem Kopf durch die Wand! Wie soll er denn heißen?"

„Meinst du, ich fragte dich, wenn ich's wüßte?"

„Nenn ihn doch Schwarzkopf", sagte Lena schläfrig.

„Na, hör mal! Er ist doch weiß! Wie kann denn ein weißer Hund Schwarzkopf heißen! Fällt dir gar nichts Besseres ein?"

„Findest du nicht auch, daß er ein bißchen viel mit seinem Schwanz wedelt?"

„Ja, und was soll das heißen?"

„Es sieht so aus, als ob er immerzu den kleinen Stummel schwingt, den er als Schwanz hat."

Katitzi begriff überhaupt nichts. Sie fand ihre Schwester vollkommen einfallslos.

„Hör mal, Katitzi, nenn ihn doch Schwing. Oder nein, das klingt nicht so gut. Wie wär's denn mit ‚Swing'? Ist das nicht ein toller Name? Das klingt außerdem nach Tanz. Gefällt er dir?"

„Swing ... Swing? Ja, das klingt ganz gut. Also heißt er Swing", sagte sie. Im nächsten Augenblick schlief sie schon.

Ein Fest im Lager

Die nette Dame hatte Katitzis Papa erlaubt, sein Lager auf ihrem Grundstück für mehrere Monate aufzuschlagen, und der Polizeikommandant gestattete, daß das Tivoli aufgestellt wurde. Es war inzwischen Spätherbst geworden, und abends wurde es früh dunkel. Deswegen hatte Papa Taikon ein Netz von bunten Lämpchen über das ganze Lager gespannt. Das sah sehr festlich aus.

„Heute werden wir ein richtiges Patjiv veranstalten", sagte er.

„Was ist das, Lena?" fragte Katitzi.

„Wir veranstalten ein Fest", erklärte Lena. „Das hast du doch gehört."

„Das hat er nicht gesagt. Er redete von einem ‚Patjiv'."

„Ich hab's dir doch gerade erklärt, aber du begreifst wirklich rein gar nichts! Na ja, du bist ja auch bei den Gaje gewesen. Aber nun bist du schon so lange wieder bei uns, daß man eigentlich glauben sollte, du könntest schon wieder ein bißchen Romanes."

„Nun hör mal, Lena! Haben wir denn schon ein Fest gehabt, seitdem ich zurück bin?"

„Nein, noch nicht."

„Na also! Dann kann ich doch auch nicht wissen, was Patjiv bedeutet, wenn ich das Wort noch nie gehört habe! Warum feiern wir denn? Hat jemand Geburtstag?"

„Nein, du Schäfchen. So etwas feiern wir nie."

„Dann gibt's also bei uns keine Geburtstagsgeschenke wie bei den Zirkusleuten? Die haben mir die schöne Puppe geschenkt, als ich sieben wurde, die, mit der ich niemals spielen darf."

„Nein, so etwas gibt's bei uns nicht. Wir geben nur Geld für Sachen aus, die wir brauchen, für Essen und so."

„Glaubst du etwa, daß wir bei den Zirkusleuten nichts zu essen bekamen? Ich kann dir sagen: da gab's das beste Essen, das du dir vorstellen kannst! Schweinekoteletts, soviel wir mochten, und Keks und Kuchen jeden Tag! Jawohl!"

„Aber bei uns gibt's nicht jeden Tag Koteletts. Was sollte es sonst auch am Sonntag geben? Aber das verstehst du noch nicht, weil du zu klein dazu bist", sagte Lena hochnäsig.

„Bilde dir bloß nicht ein, daß du alles weißt! Bloß weil du drei Jahre älter bist! Dabei bist du nicht mal bei den Zirkusleuten gewesen, und mit Elefanten hast du auch nie gespielt. Ich wette, du hast noch nicht einmal einen Elefanten gesehen. Hast du schon mal Puppen gesehen, die richtig essen können?"

„Nein, hör auf! Jetzt fängst du an zu spinnen! Puppen, die essen! Hast du eine Macke? Vielleicht hast du dich neulich in dem feuchten Bettzeug erkältet und jetzt hast du Fieber. Wir müssen deine Temperatur messen. Rosa hat so'n Ding, an dem man sehen kann, ob Leute Fieber haben. Warte einen Augenblick, ich rufe sie gleich!" sagte Lena und sah tatsächlich ein bißchen besorgt aus.

„Ach, sei doch still! Hör zu, wie's wirklich war! Natürlich konnten meine Puppen essen, denn ich habe jeden Tag richtig für sie gedeckt. In meinem Zimmer hatte ich einen kleinen Tisch und zwei Stühlchen. Da habe ich den Puppen ein kleines Service hingestellt."

„Was? Du hast ein Zimmer ganz für dich allein gehabt? Davon hast du ja noch gar nichts erzählt. Du mußtest wohl alleine schlafen, weil du die anderen immer gestört hast?" fragte Lena hoffnungsvoll.

„Nein, das ist nun mal bei feinen Leuten so. Aber das kapierst du natürlich nicht, obwohl du schon so alt bist und eigentlich alles wissen müßtest. Jedenfalls waren es meine eigenen Puppen, und wenn ich aß, bekamen sie immer etwas ab, verstehst du?"

„Ihr habt am gleichen Tisch gegessen, du und die Puppen?"

„Du kapierst aber auch rein gar nichts!" Katitzis Geduld war zu Ende. Aber sie fuhr trotzdem fort: „Wir, die Zirkusleute und ich, aßen im Speisesaal, und die Puppen aßen in meinem Zimmer. Ich hab' genauso für meine Kinder gedeckt und nachher abgewaschen wie meine Zirkusmama."

„Deine Kinder? Nun erzähl mir bloß noch, daß du richtige Kinder gehabt hast!"

„Ach, daß du aber auch immer so blöde tust! Du weißt doch genau, daß ich meine Puppen meine, wenn ich von meinen Kindern rede! Aber nun sag' mir endlich, warum wir ein Fest feiern, wenn keiner Geburtstag hat?"

Lena antwortete nicht sofort. Sie war tief in Gedanken versunken. Katitzi mußte wirklich ein herrliches Leben geführt haben mit eigenem Zimmer, mit Möbeln, Puppen und allem Möglichen! Lena konnte sich nicht mehr an alles erinnern, es war einfach zuviel, was Katitzi alles im Laufe der Zeit erzählt hatte. Aber an die essenden Puppen glaubte sie nicht recht. Das war Unsinn. Obwohl Katitzi vielleicht nicht bewußt schwindelte. Wahrscheinlich hatte die Zirkusmama heimlich den Puppen das Essen fortgenommen, wenn Katitzi einmal wegsah. Lena überlegte ein Weilchen, ob sie Katitzi darüber aufklären sollte, wie es sich mit dem Essen und den Puppen verhielt, aber dann zog sie es vor, darüber zu schweigen. Statt dessen beantwortete sie Katitzis Frage.

„Du weißt doch, daß unser Papa viele Brüder und Schwestern hat, das heißt, hauptsächlich Brüder. Und nun kommt sein ältester Bruder und besucht uns. Der Onkel, der heute morgen vorbeikam, hat es gesagt. Und deswegen veranstaltet Papa das Fest. Er hat nämlich seinen Bruder schrecklich lange nicht mehr gesehen."

„Das ist doch nicht schwer zu begreifen! Dürfen wir denn auch mitfeiern?"

„Klar dürfen wir das! Dazu sollen wir unsere feinen Kleider anziehen. Unsere Kusinen kommen auch. Wir haben massenhaft Kusinen", sagte Lena.

„Wie viele denn?"

„Tja, ich glaube ein paar hundert."

„Bist du gescheit? Ein paar hundert? Das ist ja schrecklich viel! Wenn bei uns im Zirkus ein paar hundert Leute saßen, war es voll, das kann ich dir sagen! Soviel Kusinen gibt's doch gar nicht. Du schwindelst wohl, Lena?"

„Nein, das tu' ich nicht. Wir haben wirklich jede Menge Kusinen, vielleicht nicht direkt ein paar hundert. Aber hundert sind es bestimmt. Das schwöre ich!"

„Kommen die alle auf einmal?" Katitzi machte ein erstauntes Gesicht. „Wo sollen die denn alle schlafen?"

„Sie kommen nicht alle zusammen. Dieses Mal kommt nur Papas ältester Bruder mit seinen Kindern. Ich glaube, das sind zehn, aber genau weiß ich es nicht. Die brauchen nicht bei uns zu schlafen. Natürlich haben sie ihre eigenen Zelte, und in denen schlafen sie auch."

„Aber die Tante kann wohl nicht dabei sein? Sie hat heute morgen wieder so schrecklich über ihre Migräne gejammert."

„Na, du wirst dich wundern. Wenn das Fest beginnt, verschwinden ihre Kopfschmerzen, als wären sie fortgezaubert. Deswegen brauchst du dir keine Sorgen zu machen."

„Mach ich mir auch gar nicht! Ich überlegte ja nur."

„Sei so lieb und denk nicht zuviel! Und wenn's unbedingt sein muß, dann überlege lieber, wo wir genügend Holz herbekommen. Wir brauchen nämlich furchtbar viel."

„Mehr als sonst?" erkundigte sich Katitzi.

„Ja, denn Papa will ein Spanferkel braten."

„Was ist das?" Katitzi blickte Lena verständnislos an.

„Ein kleines Schwein, das man auf einen Spieß steckt und dann auf ein Gestell über das Feuer legt. Da wird es gebraten."

„Lebt das arme Tier dann noch?" Katitzi sah ganz erschrocken aus.

„Ich glaube wirklich, daß du das dümmste Geschöpf bist, das ich kenne. Natürlich ist das Ferkel tot, du Dummkopf! Ich hab' dir doch gesagt: es wird aufgespießt. Den Spieß muß man ein paar Stunden lang herumdrehen, bis das Ferkel richtig durchgebraten ist. Es ist das beste Essen, das ich kenne", schwärmte Lena.

„Na ja, aber ob es so gut schmeckt wie Kotelett?"

„Aber ja! Es schmeckt fast genauso, denn Koteletts werden auch von Schweinefleisch gemacht."

„Wirklich? Da bin ich aber mächtig froh! Ich hab' die Suppe schon längst über, die wir fast jeden Tag bekommen. Wollen wir mal die nette Frau fragen, ob sie uns ein bißchen Holz gibt?"

Die Schwestern machten sich auf den Weg. Nach einer Weile kamen sie mit ganzen Armen voll Holz zurück, soviel sie überhaupt nur schleppen konnten. Und außerdem hatte ihnen die gute Frau versprochen, daß sie noch mehr haben sollten, wenn sie mehr brauchten.

Das Fest wurde vorbereitet, und Papa Taikon machte alles für das Braten des Spanferkels fertig. Rosa backte Riesenmengen Brot, das sehr lecker aussah. Sie knetete einen Teig aus Mehl, Wasser und Salz und rollte alles zusammen flach aus. Der Teig kam direkt auf die Herdplatte. Katitzi schaute erstaunt zu und wollte gar nicht glauben, daß man solch ein Brot essen konnte. Rosa ließ sie probieren und fragte: „Na, kann man's essen?"

„Ja", sagte Katitzi. „Das schmeckt prima. Bitte, sei so lieb und gib mir noch ein Stück!"

„Teil dir eins mit Lena. Aber dann ist Schluß. Ihr verderbt euch sonst den Appetit."

Am Nachmittag, als fast alles fertig war, kamen viele Leute. Papa umarmte einen Onkel, der einen langen weißen Bart trug. Die beiden wollten sich gar nicht wieder loslassen. Es sah fast so aus, als weinten sie.

Natürlich waren sie froh darüber, daß sie sich endlich wiedersahen, denn seit ihrem letzten Zusammensein waren mehrere Jahre vergangen. Lena erzählte Katitzi, daß draußen in der Welt Krieg war und daß alle Zigeuner fürchteten, sie müßten Schweden verlassen. Aber das konnte Katitzi nun überhaupt nicht begreifen. Lena hielt es für zwecklos, ihr mehr darüber zu sagen.

„Heute wollen wir lustig sein, uns richtig sattessen, singen und tanzen", sagte Papa Taikon. Er teilte allen das Essen aus und bat die Gäste, sich an den großen Tisch zu setzen, den er mitten auf den Platz gestellt hatte. Den Tisch hatte ihm die freundliche Dame geliehen.

Sie war auch eingeladen und saß mit den anderen zusammen und ließ sich das frischgebratene Fleisch schmecken. Rosas Brot fand sie so gut, daß sie unbedingt das Rezept haben wollte. „Unser eigenes Brot ist zu stark gesüßt", sagt sie.

Als alle satt waren, spielte Papa Taikon auf seiner Geige, und Paul begleitete ihn auf der Ziehharmonika. Katitzi aber sollte etwas vortanzen. Zuerst war sie furchtbar schüchtern, denn es waren ja so viele Zuschauer da. Aber bald hatte sie alle vergessen und tanzte, als wäre sie ganz allein. Sie erntete großen Beifall. Alle klatschten tüchtig, und ihre Kusinen riefen sie zu sich herüber und fragten: „Wo hast du denn so schön tanzen gelernt?"

Aber Katitzi verstand sie nicht, denn sie sprachen Romanes! „Ich kann euch nicht verstehen", sagte sie.

„Nun hör mal", sagte eine der Kusinen. „Was bist du denn für eine Zigeunerin, wenn du nicht mal unsere Sprache kannst?"

„Du bist aber eingebildet", sagte Katitzi. „Ich bin doch in der weiten Welt gewesen. Deswegen hab' ich mein ganzes Romanes vergessen. Aber ich werd's schon wieder lernen. Kannst du denn so gut tanzen, daß alle klatschen? Ja, kannst du das?"

„Nee", sagte die Kusine und sah ein bißchen bescheidener drein. „Das kann ich nicht."

„Na, siehst du! Was kannst du denn sonst, wenn ich fragen darf? Mit Romanes brauchst du gar nicht anzugeben. Das sprecht ihr doch zu Hause. Also ist das keine Kunst. Aber in der weiten Welt bist du wohl noch nicht gewesen?" Die Kusine fand Katitzi ein bißchen reichlich keß und wollte sie übertrumpfen.

„Ich kann wahrsagen. Kannst du das auch?"

„Was kannst du?" fragte Katitzi. „Ist das wieder ein Wort auf Romanes, das ich nicht verstehe?"

„Nein", sagte Lena. „Wahrsagen bedeutet, daß man in die Zukunft sieht. Aber ich versteh mich auch nicht darauf. Rosa ist ganz toll im Wahrsagen. Das sagen alle."

„Ich hab' nicht gefragt, ob Rosa das kann, denn darauf verstehen sich bei uns alle Großen. Ich meine, daß es etwas Besonderes ist, wenn es Kinder können", sagte die Kusine.

„Und wie machst du das?" fragte Katitzi, die kein Wort verstand.

„Gib mir mal deine Hand, dann zeig ich's dir!"

Katitzi hielt ihre ausgestreckte Handfläche der Kusine hin, die schrecklich lange draufschaute. Endlich sagte sie: „Du wirst uralt und verheiratest dich mit einem reichen Mann."

„Das soll Wahrsagen sein?" fragte Katitzi enttäuscht. „Woher weißt du denn jetzt schon, ob ich alt werde und ob ich mich verheirate? Übrigens werde ich mich nie verheiraten!"

„Klar heiratest du! Das seh' ich doch aus deiner Hand. Da steht es klar und deutlich in den Linien. Du machst eine reiche Heirat. Dein Mann hat viele Pferde, und außerdem bekommst du einen ganzen Haufen Kinder."

„Wie viele denn? Und wann kriege ich die Kinder?"

„Du darfst mich beim Wahrsagen nicht unterbrechen. Halt den Schnabel und hör zu! Natürlich bekommst du deine Kinder, wenn du verheiratet bist, und dann wirst du eine weite Reise über ein großes

Wasser machen. Mehr sage ich nicht. Das Wahrsagen strengt kolossal an. Ich muß mich ausruhen, es kostet zuviel Kraft."

„Gibst du mir mal deine Hand? Natürlich nur, falls es nicht zuviel Kraft kostet! Ich glaube, ich kann auch schon wahrsagen. Also: du verheiratest dich mit einem Mann, der viel Geld hat. Dann machst du eine große Reise, sagen wir mal, über ein kleines Wasser. Glaubst du, daß das so schwierig zu lernen ist? Unsere Kusine schwindelt uns etwas vor, Lena. Sie kann überhaupt nicht richtig wahrsagen. Aber unsere Rosa wird's wohl können."

„Eine gute Wahrsagerin wirst du bestimmt nie", meinte die Kusine. „Aber tanzen kannst du wirklich."

Katitzi möchte zur Schule gehen

Am Tag nach dem Fest fuhr Papa Taikons Bruder mit seiner Familie heim, und der Alltag begann wieder. Mit Hilfe der Kinder fing Papa Taikon an, das Tivoli aufzubauen. Am Sonnabend sollte alles fertig sein. Katitzi und Lena hatten Kinder aus dem Dorf getroffen, die sich erkundigten, warum die Schwestern nicht zur Schule kämen. Deswegen gingen die Mädchen eines Tages, es war am Mittwoch, zu ihrem Papa und fragten ihn:

„Lieber Papa, dürfen wir nicht auch wie die anderen Kinder zur Schule? Wir möchten auch lesen und schreiben lernen. Erlaubst du's uns?"

„Ach, lieber Papa, sag' doch ja! Gestern haben wir alle die Kinder auf dem Schulhof herumlaufen sehen. Die spielten Ball und Hinkelkasten und waren so lustig."

„Wenn's nicht ums Lesen und Schreiben ginge, dann möchtet ihr wohl bloß in die Schule, damit ihr dort spielen könnt! Aber Ballwerfen und Hinkelkasten spielen, das könnt ihr doch auch hier."

„Das meinen wir doch gar nicht, Papa! Wir wollten nur gern ein bißchen Spaß haben und mit anderen Kindern zusammensein", erklärte Lena.

„Ich verstehe euch schon, ich mach' ja nur Spaß. Wir werden mal zum Rektor gehen und mit ihm sprechen. Dann dürft ihr vielleicht mit der Schule anfangen. Wir bleiben ja ein paar Monate hier, da bekommt ihr wohl die Erlaubnis."

„Sollen wir uns fein machen?" fragte Katitzi.

„Ja wascht euch ordentlich und achtet darauf, daß ihr anständig ausseht. Das ist wichtig. Arm darf man ruhig sein, aber nicht schmutzig. Sagt Rosa Bescheid, daß sie euch hilft, und Katitzi, kämm' dein Haar ordentlich!"

Die Schwestern flitzten zu Rosa hinüber, die gerade auf dem Zimbal übte. Sie schlug zum Abschluß einen herrlichen Wirbel. Da vergaßen die Mädchen für einen Augenblick die Schule und hörten begeistert zu. „Das kann niemand so schön wie du!" riefen sie und fanden, daß alles, was Rosa machte, erstklassig war: Brotbacken, Musizieren und Waschen. Aber dann fiel ihnen wieder ein, warum sie hergekommen waren.

„Rosa! Rosa!" riefen sie freudestrahlend. „Wir sollen zur Schule gehen."

„Wirklich? Wer hat euch denn das gesagt?" Rosa war überhaupt nicht beeindruckt.

„Na, Papa natürlich! Wer denn sonst wohl? Wir bleiben doch mehrere Monate hier. Da lohnt es sich wirklich."

„Hoffen wir, daß es dazu kommt. Ich meine, daß ihr wirklich in die Schule gehen dürft", sagte Rosa.

„Und ob es klappt!" rief Katitzi und stampfte zornig mit dem Fuß auf. Noch nie war sie so böse auf ihre Schwester Rosa gewesen. „Du bist blöde! Papa erlaubt es, und der hat doch hier alles zu bestimmen, oder etwa nicht?"

„Natürlich, wenigstens bei uns. Na ja, vielleicht nicht ganz alles. Aber nun kommt, ich helfe euch, daß ihr einigermaßen anständig ausseht", sagte Rosa.

Die Schwestern zogen ihre besten Kleider an, und dann fuhr Papa Taikon im Auto mit ihnen zur Schule, die mitten im Dorfe stand. Es war ein großes rotes Backsteingebäude, und weil gerade Pause war, wimmelte es auf dem Schulhof von Kindern. Neugierig starrten sie die beiden Zigeunermädchen an, die sich an ihren Vater klammerten.

„Warum sehen sie uns alle so an?" fragte Katitzi.

„Laß sie doch! Hier passiert wohl sonst nicht viel. Vermutlich finden sie jeden Fremden aufregend", sagte Papa Taikon und fuhr fort: „Bitte, erinnert euch daran, daß ihr den Mund haltet, wenn wir beim Rektor sind."

Katitzi mußte darüber nachdenken, daß sie eigentlich in Gegenwart von Erwachsenen nie etwas sagten, es sei denn, man fragte sie. Eigentlich war das nicht recht! Schließlich redeten die Erwachsenen immerzu. Und auf Kinder hörten sie schon gar nicht, höchstens auf Rosa, aber die war ja auch etwas Besonderes.

Zunächst mußten die Kinder und ihr Papa viele Stufen hinaufsteigen und dann über mehrere Flure gehen. Endlich kamen sie auf einen Korridor, wo an den Türen Namen standen. Papa wußte nicht recht, wo er anklopfen sollte, denn er konnte doch nicht lesen! Un-

schlüssig blieb er stehen, aber dann kam ein Herr vorbei, den er fragen konnte: „Verzeihen Sie, wissen Sie vielleicht, wo wir den Rektor finden?"

„Ja, dort drüben! Die dritte Tür links, das ist sein Zimmer", sagte der Herr und eilte weiter.

Papa Taikon klopfte zunächst vorsichtig an, weil sich aber niemand meldete, klopfte er noch einmal lauter. Nach einer Weile kam eine Dame heraus. Zuerst schaute sie die Taikons ein bißchen erstaunt an, dann aber schien sie richtig erschrocken.

„Wen suchen Sie?" fragte sie.

„Den Rektor. Ist er vielleicht zu sprechen?"

„Haben Sie sich denn angemeldet?"

„Nein, das habe ich nicht getan. Ich habe geglaubt, daß ich auch so mit ihm sprechen könnte. Es handelt sich um meine beiden Töchter, die in die Schule sollen."

„Einen Augenblick, bitte. Ich schaue gleich mal nach, ob der Herr Rektor für Sie zu sprechen ist. Das weiß man nie genau, denn er hat immer so schrecklich viel zu tun." Sie verzog den Mund und knallte die Tür hinter sich zu.

Kurz darauf erschien sie wieder: „Es paßt", sagte sie. „Bitte nehmen Sie im Besuchszimmer Platz." Das taten sie auch. Nun warteten sie darauf, daß der Rektor sie empfing.

Die Mädchen kannten ihren Papa gar nicht wieder. Seine Strenge war verschwunden, er wirkte eher ein bißchen verlegen. Katitzi hatte das Gefühl, daß es ihm genauso ging wie ihr, wenn sie etwas Unangenehmes vorhatte.

Es dauerte eine Ewigkeit, bis sich endlich die Tür öffnete, jedenfalls kam es Katitzi so vor. Aber nun kam der Rektor tatsächlich, ein kleiner, dicker Herr mit einer Brille auf der Nase, die aussah, als wäre sie viel zu klein. Er blickte alle drei scharf an und schien mit dem, was er sah, nicht gerade zufrieden zu sein.

„Ja, und was war mit Ihnen? Entschuldigen Sie, daß Sie so lange warten mußten, aber es gibt so enorm viel in der Schule zu tun. Ach, ich habe mich nicht einmal vorgestellt! Blom ist mein Name, Rektor Blom."

„Johan Taikon", sagte der Papa mit einer höflichen Verbeugung. Die Mädchen knicksten artig. „Dies sind meine Töchter. Die Kleine, Katitzi, ist acht, und die andere, Lena, ist zehn geworden."

„Und was kann ich für Sie tun?" fragte Rektor Blom.

„Es handelt sich um die Aufnahme. Wir werden längere Zeit hierbleiben, und da habe ich gedacht, daß die Mädchen jetzt Gelegenheit hätten, lesen und schreiben zu lernen."

„Wo sind die Kinder denn vorher zur Schule gegangen?" erkundigte sich der Rektor.

„Leider nirgends. Überall, wo wir hinkamen, durften wir uns nicht lange genug aufhalten. Deswegen war es einfach unmöglich, sie zur

Schule zu schicken. Aber nun, denke ich, wird's wohl endlich etwas werden."

„Ja, ich würde Ihnen wirklich gerne helfen. Aber leider ist mir das nicht möglich. Das sage ich nicht aus Bosheit. Im Gegenteil, ich fände es wirklich nett, wenn Ihre Kinder zu uns kämen. Aber leider, leider läßt sich da gar nichts machen."

Katitzi erstarrte. Was sagte dieser Mann? Bosheit . . . nett . . . leider . . . Hieß das etwa, daß sie nicht zur Schule gehen durften?

Papa Taikon blickte den Rektor lange an. Dann sagte er:

„Vielleicht sind Sie so freundlich und erklären mir, was Sie gegen meine Mädchen haben."

Der Rektor drehte und wand sich. Er errötete und sagte:

„Herr Taikon, ich finde es unpassend, das vor den Mädchen zu besprechen. Bitte, kommen Sie in mein Arbeitszimmer, die Kinder können so lange hier draußen warten."

„Oh nein. Schließlich handelt es sich um die Mädchen. Da sollen sie auch hören, warum ihnen der Schulbesuch verweigert wird." Papa Taikon war aufgestanden und stellte sich breitbeinig vor den Rektor. Er sah nicht mehr unterwürfig aus.

„Ich kann's den Mädchen nicht erlauben, so gern ich's täte! Begreifen Sie doch, welchen Ärger ich mit den Eltern der anderen Kinder bekäme! Ja, ich müßte damit rechnen, daß die ihre Kinder abmeldeten, falls ich Ihre Töchter bei uns aufnähme, Herr Taikon!"

„Woher wissen Sie das? Wahrscheinlich haben Sie noch nie Zigeunerkinder in Ihrer Schule gehabt. Darf ich Sie mal ganz offen fragen: Halten Sie es für richtig, daß man den Kindern jeden Schulunterricht verweigert? Machen Sie das auch mit anderen Kindern, die hierher ziehen?"

„Es hat keinen Zweck, weiter darüber zu reden! Ich kann Ihre Kinder wirklich nicht aufnehmen, wie die Dinge nun einmal liegen! Fragen Sie doch im nächsten Ort einmal nach, in den Sie kommen! Vielleicht geht's da. Ich muß für alles geradestehen, Herr Taikon!"

„Na gut, wir gehen ja schon!" sagte Papa Taikon. „Aber ich muß sagen, daß ich mit dem Ergebnis sehr unzufrieden bin. Kommt, ihr Mädchen!"

Katitzi und Lena waren dem Weinen nahe. Sie sagten keinen Ton.

Auch ihr Vater schwieg und machte ein trauriges Gesicht. Als sie über den Schulhof gingen, kamen die Schüler gerade aus dem Gebäude und eilten heim. Sie blickten neugierig hinter den Taikons her. Ein Junge sagte mit lauter Stimme:

„Sieh mal, diese Zigeuner! Die haben's wirklich gut! Die brauchen nicht zur Schule zu gehen. Ja, Zigeuner sollte man sein!"

Katitzi wurde auf diesen dummen Bengel so wütend, daß sie sich am liebsten auf ihn gestürzt und ihn verdroschen hätte. Konnte denn ein Mensch so blöde sein und andere beneiden, die gern zur Schule gehen wollten, es aber nicht durften?

„Hast du das gehört, Lena?" fragte Katitzi.

„Klar! Denkst du, ich bin taub?"

„Warum redet der solch einen Stuß? Der weiß bestimmt nicht, daß der dicke Rektor uns nicht haben will. Keine Ahnung hat der blöde Bengel!"

„Mach wieder ein freundliches Gesicht, Katitzi! Schau, dieser Junge war eben nicht in der weiten Welt, so wie du. Vielleicht hat er auch seine Sorgen!"

„Na, wartet nur! Wenn ich erst mal groß bin ..." murrte Katitzi.

Papa Taikon aber äußerte sich dazu nicht weiter, sondern murmelte etwas von ‚gebildeten Leuten mit Vorurteilen' vor sich hin.

Fräulein Britta kommt ins Lager

Als die Mädchen in das Lager zurückkamen, lief Katitzi zu Rosa, die schon wieder wusch.

„Rosa, hör doch mal! Ach, Rosa, sie lassen uns nicht zur Schule gehen!" Katitzi warf sich in Rosas Arme und weinte bitterlich.

„Warum nur? Sag's doch, Rosa! Sag es mir!"

„Beruhige dich, Katitzi! Ich muß mir erst mal die Hände abtrocknen. Sie sind ganz naß und seifig. — So, nun erzähl mal alles ruhig und vernünftig. Was war in der Schule los?"

Katitzi versuchte, alles genau zu berichten, was der Rektor zu Papa Taikon gesagt hatte. Was sie vergaß, ergänzte Lena.

„Ach so", sagte Rosa und wunderte sich nicht. „Sie haben Angst, Zigeunermädchen aufzunehmen. Na ja, das kennt man!"

Katitzi warf Rosa einen langen Blick zu. Zum ersten Mal begriff sie, was dahinter steckte. „Sag mal, Rosa", fragte sie. „Kannst du auch nicht lesen?"

„Nein, ich hab's auch nicht gelernt. Ich bin überhaupt nur einen einzigen Monat zur Schule gegangen, damals, als du noch ganz klein warst. Aber lesen und schreiben habe ich nicht gelernt. Paul ist es nicht anders ergangen."

„Was, nicht einmal dich wollten sie in der Schule haben? Wo du doch immer so nett und ordentlich bist! Niemals machst du dich schmutzig. Über dich kann sich wirklich keiner beklagen", sagte Katitzi verwundert. Sie konnte sich einfach nicht vorstellen, daß Rosa der Schulbesuch verweigert worden war.

„Die Leute sind doch wirklich blöde", sagte Katitzi. „Aber vielleicht waren sie alle noch nicht in der weiten Welt wie ich."

Aus dem Wagen drangen aufgeregte Stimmen. Genau gesagt, war nur einer aufgeregt, und das war Papa Taikon. Die andere Stimme war die der Tante, und die keifte ja eigentlich immer.

Klar und deutlich hörten die Mädchen Papa Taikon sagen: „Wann hört dieses Elend endlich einmal auf? Wie lange müssen wir uns noch so behandeln lassen? Nirgends dürfen wir wohnen, nirgends dürfen die Kinder zur Schule gehen. Man gibt uns keine Lebensmittelkarten. Wie können wir uns unter solchen Umständen vernünftig benehmen? Normal handeln wie die übrigen Menschen? Was haben wir bloß Schlimmes verbrochen?"

„Rede doch nicht so laut! Denk an meinen armen Kopf und an meine schlimme Migräne! Ach, was ist das für ein Leben! Ich bedauere aufrichtig, daß ich mir das eingebrockt habe!" hörten die Mädchen die Tante jammern.

Katitzi und Lena sahen sich an. Sie konnten sich vor Lachen kaum halten. Lena sagte: „Aber bei unserem Fest hat sie kein Wort von ihrer Migräne gesagt. So ist das Leben nun mal. Was hältst du davon, Katitzi?"

„Ich überlege, ob ich nicht zu allen Bauersfrauen gehen und ihnen sagen soll, daß sie uns nicht in die Schule lassen. Vielleicht helfen sie uns und drohen dem Rektor, daß sie ihre Kinder abmelden. Stell dir mal vor, was der für ein Gesicht macht! Der wird rot wie eine Tomate und sagt vielleicht: ‚Herrn Taikons Töchter können sofort zur Schule kommen!' Glaubst du nicht auch, Lena?"

„Nein, ich glaube gar nichts mehr. Alle Menschen sind eklig und gemein."

„Alle?" fragte Katitzi. „Wir auch? Oder sind wir etwa nicht mal Menschen! Ist Rosa zum Beispiel gemein? Kannst du mir das vielleicht näher erklären, du Schafskopf?"

„Wir zählen doch nicht. Sieh mal, da kommt eine Dame! Die sieht aber süß aus", sagte Lena. Tatsächlich, die Besucherin war bildhübsch. Auf dem Kopf trug sie eine Krone aus dicken, schwarzen Flechten.

Sie ging zu Papa Taikon, der vor dem Wagen stand, und sprach mit ihm. Er fing an zu strahlen. Also brachte diese hübsche Dame keine schlechten Nachrichten! Schließlich sah er richtig glücklich aus. Diese Fremde brachte bestimmt gute Neuigkeiten.

Nach einer Weile trat sie auf die Mädchen zu und grüßte freundlich: „Guten Tag! Ihr seid doch Lena und Katitzi?"

„Ja", riefen beide wie aus einem Munde. Was wollte die Dame wohl von ihnen?

„Ich heiße Fräulein Britta und unterrichte in der Schule."

„Zum Kuckuck mit der Schule!" rief Katitzi und vergaß ganz, daß Kinder nicht reden sollten, ehe sie gefragt werden.

Aber die Lehrerin sah Katitzi freundlich an und sagte:
„Ich verstehe sehr gut, daß ihr traurig seid, weil ihr nicht zur
Schule gehen dürft. Deswegen komme ich ja und möchte mit euch
reden."

„Dürfen wir vielleicht doch gehen und lesen und schreiben lernen? Vielleicht kann Rosa auch mitkommen?"

„Beruhige dich, Katitzi", sagte Rosa. „Warte ab, was das Fräulein
sagen möchte."

„Ich weiß, daß man den Rektor nicht umstimmen kann, leider!
Der ändert seine Meinung nie! Deswegen möchte ich euch vorschla-
gen, daß ich euch nach Schulschluß unterrichte. Ihr sollt lesen und
schreiben bei mir lernen, denn ich finde es traurig, wenn heutzutage
in unserem Lande Kinder als Analphabeten aufwachsen. Das läßt
mein Lehrergewissen einfach nicht zu!"

„Was ist denn das, ein Alphabet?" fragte Lena.

„Ich sagte *Analphabet*, Lena", verbesserte Fräulein Britta und fuhr
fort: „Analphabeten sind Menschen, die nicht lesen und nicht schreiben können. In Schweden gibt es kaum noch welche, die aber können nichts dafür, das habt ihr inzwischen auch erfahren."

Katitzi sah Fräulein Britta an, vor der sie überhaupt keine Angst
hatte, und sagte: „Dann kannst du uns vielleicht erklären, warum
dieser Rektor uns den Schulbesuch verbietet?"

„Hör mal, Katitzi, man sagt nicht einfach ‚du' zum Fräulein. Du
mußt sie mit ‚Fräulein Britta' anreden!"

„Ja, aber sie kann uns doch vielleicht sagen, warum wir nicht mit
den anderen Kindern zusammen in die Schule gehen sollen? Oder
kann sie mir vielleicht die Frage nicht beantworten, weil ich sie ge-
duzt habe?" fragte Katitzi.

„Es spielt wirklich keine Rolle, wie ihr mich anredet. Du darfst es
genauso machen, wie du möchtest, Katitzi. Aber leider kann ich deine
Frage auch nicht richtig beantworten. Ich glaube einfach, daß der
Rektor und all die anderen überhaupt nichts von Zigeunern wissen.
Das ist der Grund, warum er euch nicht in die Schule gehen läßt."

„Aber, Fräulein Britta, dann brauchten sie sich doch nicht so
furchtbar blöde gegen uns zu benehmen. Ich meine, wenn sie gar
nichts über uns wissen. Wenn sie nämlich fänden, daß wir dumm und

unverschämt sind, könnten sie uns ja hinauswerfen. Aber die wissen doch rein gar nichts über uns!"

„Da hast du wirklich recht, Katitzi! Aber die Leute haben nun mal Angst vor allem, was sie nicht kennen. Sie glauben, daß Zigeuner eher mal etwas stehlen als andere. Und sie sind auch der Meinung, daß Zigeuner nicht gern an einer Stelle bleiben und daß sie nicht zur Schule gehen wollen. Als ich noch klein war, glaubten die Leute tatsächlich, daß sie die Kinder der ansässigen Leute stehlen, und zwar hieß es, daß sie die Blonden bevorzugten", sagte Fräulein Britta.

„Aber weshalb denn nur?"

„Ach, laß doch, Katitzi! Denk nicht mehr darüber nach! Die Leute denken sich immerzu etwas anderes aus", sagte Rosa.

„Meine Güte, wie dämlich!" seufzte Katitzi.

„Wann dürfen denn die Mädchen bei Ihnen anfangen, Fräulein Britta?" erkundigte sich Rosa.

„Von mir aus gleich morgen! Aber denkt daran: nicht vor vier Uhr! Sonst gibt es bösen Ärger mit dem Rektor."

„Dann werde ich dafür sorgen, daß sie pünktlich kommen. Ganz herzlichen Dank dafür, daß Sie uns helfen wollen, Fräulein Britta!"

„Aber bitte sehr! Ich bin froh, daß ich ein bißchen helfen kann. Eine Stunde pro Tag ist ja nicht gerade viel, aber auf jeden Fall besser als gar nichts", sagte Fräulein Britta und verabschiedete sich freundlich.

Fortgejagt

Zwei Wochen lang trabten Katitzi und Lena täglich zur Schule.
Natürlich fanden sie es nicht so schön, daß sie nicht mit den anderen
Kindern spielen konnten. Trotzdem machte es ihnen großen Spaß,
einen Buchstaben nach dem anderen zu lernen. Fräulein Britta war
der netteste Mensch, den Katitzi je getroffen hatte, außer Fräulein
Kvist natürlich. Aber Lena fand, daß Fräulein Kvist nicht zählte,
denn sie hatte ja die Tante aus dem Kinderheim nie kennengelernt.
Jeden Tag gab es bei der Lehrerin einen Teller Obstsuppe und zwei
Knäckebrote mit Käse. An diesem Tage waren sie sehr froh, denn
gerade hatten sie den Satz „Mama ist lieb" ganz richtig buchstabiert
und lesen können.

„Ich kann das viel besser als du!" triumphierte Lena.

„Gib nicht so an", rief Katitzi. „Schließlich bist du viel älter
als mich."

„Das heißt ‚älter als ich'! Weißt du das noch nicht?"

„Ist mir doch egal, wie's heißt! Verstehen wirst du mich doch wohl. Das ist schließlich die Hauptsache. Du bist doch alt, oder stimmt das etwa nicht?"

„Na ja, ich bin natürlich älter. Aber das hat doch mit dem Lernen nichts zu tun! Wir haben gleichzeitig angefangen, und es heißt, daß kleine Kinder viel leichter lernen als große", erklärte Lena.

„Du kommst dir aber großartig vor!" sagte Katitzi. „Bin ich etwa ein kleines Kind? Wenn du frech wirst, sag' ich's Rosa. Nächste Woche kann ich bestimmt besser lernen als du! Verlaß dich drauf! Auch wenn du älter bist als ich! Hast du gehört, daß ich jetzt alles richtig sage? Obwohl's mir ganz egal ist! Denn ich sage genau, was ich denke!"

Fast während des ganzen Heimweges stritten sich die Mädchen herum, aber sie waren nicht richtig böse miteinander.

Als sie ins Lager kamen, war dort ein großes Durcheinander. Ein paar Männer waren aufgetaucht. Sie schimpften mit Papa Taikon und mit Paul. Sie suchten Streit, und Papa Taikon versuchte vergebens, sie zu beruhigen. Einer ging zu Rosa ins Zelt und legte heimlich seinen Arm um sie. Als sie das merkte, fuhr sie herum und haute ihm zornig die Bratpfanne auf den Kopf. Der Speck, der gerade darin briet, flog in alle Himmelsrichtungen. Rosa mußte selber lachen, weil sie die Sache komisch fand.

Aber sie schwieg gleich wieder, denn der Mann starrte sie böse an. „Das soll dein Vater büßen!" sagte er und verschwand aus dem Zelt.

Inzwischen hatte Papa Taikon die anderen tatsächlich so weit zur Vernunft gebracht, daß sie bereit waren, fortzugehen. Aber da kam der andere, der sich für den Schlag mit der Bratpfanne rächen wollte, und rief: „Hier muß einmal gründlich aufgeräumt werden!"

Katitzi verstand gar nicht, was der Fremde meinte. Aber der machte solch ein böses Gesicht, daß man ihm schon ansah: Es konnte sich nur um etwas Schlimmes handeln.

„Die müssen verschwinden!" sagte er. „Fort sollen sie! Los, kommt mit zum Lensmann!"

„Die Frau, der dieser Platz gehört, hat uns zugesagt, daß wir zwei Monate hier bleiben dürfen", sagte Papa Taikon. „Weder Sie noch der Lensmann können uns fortjagen."

„Na, das werden wir ja sehen. Der Platz gehört gar nicht der Alten, sondern ihren Söhnen. Die kennen wir! Die wollen bestimmt keine Zigeuner auf ihrem Grund und Boden haben!"

„Und warum haben sie uns das nicht gleich gesagt?" fragte Papa Taikon.

„Weil sie im Walde arbeiten und gar nicht wissen, daß ihr hier seid. Aber wir gehen jetzt heim und sprechen mit ihnen. Es ist wohl das Beste, wenn ihr gleich anfangt, eure Siebensachen zusammenzupacken."

Katitzi hatte das Gefühl, als hätte sie einen schweren Schlag in die Magengrube bekommen. Mußten diese Männer sie gerade jetzt verjagen, wo doch endlich einmal alles so gut gegangen war? Fräulein Britta hatte versprochen, daß sie mit den Behörden oder wie das hieß in Verbindung treten und versuchen wollte, eine Erlaubnis für die Kinder zu bekommen, daß sie die Schule regelmäßig besuchen dürften.

„Lieber Gott, so hilf uns doch! Laß uns hier bleiben! Ich will auch nie wieder ungehorsam sein", flehte Katitzi. „Wenn wir nur bleiben dürfen!"

„Sie werden uns doch nicht fortjagen, Lena?" fragte sie ängstlich.

„Ach, ich weiß es nicht!" Es schien so, als höre Lena überhaupt nicht zu. Sie sah sehr bedrückt aus.

„Aber du mußt es doch wissen! Die Frau, die drüben wohnt, ist doch so nett. Sie hat uns erlaubt, daß wir bleiben dürfen. Und ein Versprechen muß man halten." Katitzi weinte fast.

„Was die Frau anbetrifft, so könnten wir das ganze Leben lang hier bleiben. Aber du hast ja selber gehört, was diese Kerle gesagt haben. Sie behaupten, daß die Söhne der Frau Zigeuner nicht ausstehen können."

„Wartet nur, bis ich groß bin!" sagte Katitzi zornig. Ihre Augen funkelten.

„Und was willst du dann tun?" fragte Lena ganz ruhig.

„Was ich dann mache? Das kann ich dir sagen! Ich geh zum König und sag ihm, wie gemein die Leute zu uns sind, daß sie uns nirgends wohnen lassen und daß wir nicht in die Schule gehen dürfen. Oh, wie böse wird der König sein! So wütend, daß er mit dem Fuß aufstampft, genau wie ich", sagte Katitzi und stampfte so fest auf, wie sie nur konnte.

Gegen Abend kamen die Männer zurück. Sie brachten die Frau und ihre drei Söhne mit, und die sahen wütend aus.

„Packt euren Kram zusammen und verschwindet! Auf unserem Boden wollen wir keinen Zigeuner haben, das könnt ihr euch hinter die Ohren schreiben!"

„Aber die Frau hat uns doch den Platz vermietet", sagte Papa Taikon und wies auf die alte Dame, die sehr betrübt aussah.

„Von mir aus könntet ihr so lange bleiben, wie es euch gefällt", sagte sie. „Aber meine Jungens wollen das nicht. Das Land hier gehört wirklich ihnen, obwohl ich glaubte, ich hätte da noch ein Wörtchen mitzureden. Ich bin zwar ihre Mutter, aber heute schäme ich mich wirklich ihretwegen", sagte sie.

Katitzi und Lena fingen an zu weinen. Die Kinder, die das alles nicht begriffen, stimmten ein.

„Da helfen keine Tränen. Seht zu, daß ihr bald packt und abhaut. Sonst kommen wir und helfen ein bißchen nach."

„Wie lange Zeit gebt ihr uns?" fragte Papa Taikon.

„Na ja, wir wollen's nicht übertreiben! Sagen wir: vier Stunden. Aber dann seid ihr verschwunden, sonst holen wir den Lensmann."

„Jaja, wir fangen schon an", seufzte Papa Taikon.

Nun mußten sich alle mächtig beeilen, die Zeit war knapp.

Katitzi brachte den Kessel zurück, den sie für die Wäsche geliehen hatten. Lena half ihr dabei. Aber beide schwiegen, kein Wort fiel auf dem ganzen Wege.

Sie stellten den Topf einfach auf den Hof, weil sie aus Angst vor den Söhnen nicht ins Haus gehen mochten. Aber gerade, als sie sich auf den Rückweg machten, rief die alte Frau hinter ihnen her: „Wartet doch einen Augenblick, Kinderchen!"

Die Mädchen waren neugierig, was die alte Dame von ihnen wollte.

„Ich möchte nicht, daß ihr mir böse seid", sagte sie. „Nicht im Traum hätte ich daran gedacht, euch fortzujagen. Glaubt ihr mir das?"

„Nein", sagte Katitzi. „Ich begreife das alles überhaupt nicht. Was haben wir denn getan? Waren wir böse?"

„Keine Spur, liebes Kind. Meine Söhne bilden sich nun mal ein, daß Zigeuner schlechte Menschen sind. Deswegen jagen sie euch fort. Den ganzen Nachmittag hab' ich versucht, sie umzustimmen. Aber ihre Herzen sind härter als Stein. Wäre mein Mann noch am Leben, sähe alles ganz anders aus. Nie hätten meine Söhne gewagt, sich so zu benehmen."

„Sie sind wirklich sehr lieb, fast so, wie Fräulein Kvist. Auch unsere Lehrerin ist so nett zu uns. Aber das hilft uns nicht viel. Immer gewinnen zum Schluß die Bösen die Oberhand."

„Seht mal her! Hier hab' ich zwei Körbe für euch zurechtgemacht, damit ihr ein bißchen Reiseproviant habt. Hier ist Obst und da frisch gebackenes Brot. Denkt bitte nicht schlecht von mir. Es ist wirklich nicht meine Schuld, daß ihr fort müßt. Wäre bloß mein Mann noch am Leben", sagte die alte Frau und brach in Tränen aus. Da fingen auch die Mädchen an zu weinen. Sie begriffen, daß die Frau ihnen so gern helfen wollte, es aber nicht konnte. Katitzi umarmte die Frau, die noch trauriger aussah als sie und Lena. Dann nahmen sie Abschied.

Sie kehrten ins Lager zurück, das inzwischen schon fast fertig abgerissen war. Alle Sachen waren verstaut. Was Papa Taikon an diesem Tage nicht mitnehmen konnte, wurde schön ordentlich auf die Seite gestellt, so daß später ein paar Lastwagen kommen und alles aufladen konnten.

Alle stiegen ein: die Tante mit den Kleinen ins Auto, in das sich auch Rosa und Paul noch hineinquetschen mußten. Katitzi und Lena kletterten in den angehängten Wagen.

Katitzi war ungewöhnlich still und sagte lange Zeit kein Wort. Sie hatte das Gefühl, als wäre innerlich etwas in ihr zerbrochen. Am liebsten hätte sie geweint, aber nicht einmal das konnte sie. Lange schaute sie Lena an, dann sagte sie:

„Bist du gar nicht traurig, Lena?"

„Doch, ich bin traurig, aber nicht so schlimm wie du. Ich hab' mich an all das schon längst gewöhnt. Es passiert so oft, daß ich gar keine Tränen mehr zum Heulen habe. Was hilft das Weinen, wenn sie uns doch immer wieder fortjagen? Du wirst dich auch noch daran gewöhnen, verlaß dich drauf!"

„Aber dieses Mal sah alles so gut aus: das nette Fräulein Britta, denk doch nur mal an sie! Sie wollte uns das Lesen und Schreiben beibringen. So etwas ist doch noch nie dagewesen!"

„Ach, weißt du, Katitzi, vielleicht treffen wir auf dem nächsten Platz wieder ein nettes Fräulein", sagte Lena hoffnungsvoll.

„Na und dann? Es nützt uns gar nichts. Wenn wir schon mal einen guten Menschen treffen, kommt irgend so ein gemeiner Kerl und jagt uns davon."

„Aber, Katitzi, es gibt doch auch liebe Leute! Denk mal an die feine Dame, die uns helfen wollte! Und schau mal in die Körbe, was sie uns alles eingepackt hat!"

„Das hat sie bloß getan, weil sie uns auf gute Art loswerden wollte."

„Nun bist du aber ungerecht, Katitzi! Du weißt selber, daß das nicht stimmt. Du mußt doch gemerkt haben, wie nett die alte Dame war! Ihre Schuld war es nicht, daß wir fortgejagt wurden. Ich glaube, du weißt überhaupt nicht mehr, was du sagst, Katitzilein! Nun sag' doch selber, daß die alte Dame uns dies alles hier nicht nur deswegen gegeben hat, weil wir fort mußten! . . ."

„Ja, ich sehe ein, daß ich vielleicht unrecht habe. Die Dame war wohl wirklich lieb. Aber ich bin so schrecklich traurig. Verstehst du das? Am liebsten wäre ich gar nicht als Zigeunerin auf die Welt gekommen."

„Nun hör' aber auf, Katitzi! Dankbar solltest du sein, daß es uns

noch so gut geht. Es gibt viele, viele Zigeuner, die es lange nicht so gut haben wie wir. Die leben von der Hand in den Mund."

„Na, soviel schlimmer kann's mit denen auch nicht sein! Was haben wir denn schon mehr als die, vom Essen abgesehen?"

„Sie haben keinen Swing. Außerdem glaube ich, daß keine von deinen Kusinen jemals in der weiten Welt gewesen ist, so wie du", sagte Lena und versuchte, Katitzi ein bißchen aufzumuntern.

„Ja, da hast du recht. Swing haben sie nicht." Katitzi drückte ihren Hund fest an sich und murmelte: „Aber wartet nur, bis ich's dem *König* sage!"

Das klobige rote Auto mit dem kleinen angehängten Wagen rollte weiter durch die Nacht einem unbekannten Ziel entgegen.

Inhalt